I0115972

« MIAINGA IFOTONY »

*-Contexte diplomatique, Principe de Subsidiarité
et Résolution de Conflits Politiques-*

«Mbola vitako fa aza isalovanonao
sa aleo ho raisiko an-tànana fa tsy zakanao »

Denis A.H. ANDRIAMANDROSO

Asasoratra mifandrohy amin'ity boky ity, toy ny "toko telo mahamasa-nahandro":

- "Savorovoro Politika miverimberina : Inona no Fanefitra ?» - Korontana Politika sy Tenim-Pirenena (2010)

- Kintana tiliana sy Kintana Fanilo. Fanafodin'ny Fisavorovoroana politika miverimberina eto Madagasikara (*eo am-pandrafetana*)

FANOROANA PEJY

FANAFOHEZAN-TENY

ANC	African National Congress
CEDEAO	Communaute des Etats d'Afrique de l'Ouest
COI	Commission de l'Ocean Indien
COMESA	Common Market for Eastern and Southern Africa
COSC	Coordination des Organisations de la Société Civile
DG	Direktera Jeneraly
HAT	Haute Autorité de la Transition (Fitondrana Avon'ny Tetezamita)
FA	Firaisambe Afrikana
FE	Firaisambe Eraopeana
FM	Firenena Mikambana
ICJ	International Court of Justice (La Haye)
IMF	Tahirim-bola Iraisam-pirenena
MAP	Madagasikara Am-Perinasa
MDC	Movement for Democratic Change
OIF	Organisation Internationale de la Francophonie
OUA	Organisation de l'Unité Africaine
RDC	Republique Democratique du Congo

RPFF	Rantsa-manjaika misahana Politika, Fiarovana ary Fandriampahalemana
SADC	Southern African Development Community
UK	United Kingdom
UNDP	Program'ny Firenena Mikambana momba ny Fampandrosoana
USA	United States of America
WB	Banky Iraisam-pirenena
Zanu-PF Front	Zimbabwe African National Union-Patriotic

TENY FISAORANA

Am-panajana no anolorako fisaorana an'ireo rehetra nanampy ahy nanatontosa an'ity asasoratra ity. Ka ny voalohany amin'izany dia ireo nanosika ahy hanoratra amin'ny teny Malagasy. Efa tamin'ny taona 1992 tokoa manko Itkl Pierre VERIN no nanaitra ny hambom-poko raha nilazaka tamiko izy, fa tokony hampiasa ny teny Malagasy amin'ny fikarohana sy fandalinana ataoko momba ny politika sy ny asa-fampandrosoana raha tena te-hanampy ny mpiray-tanindrazana amiko aho. Efa fahita isan'andro manko hoy izy ny famoahana boky amin'ny teny vahiny.

Noho ny tsy mba nianarana ny teny Malagasy fony tany am-pianarana anefa dia raiki-tahotra ny tenako, ka tsy sahy nandroso tamin'izany fanamby lehibe izany. Naninona ary no efa ho roapolo taona taty aoriana vao tapa-kevitra ny hiroso tamin'izany? Mahonena sy mampalahelo ny mahita an'i Madagasikara ianjadian'ny fikorontanana politika lehibe in'efatra ao anatin'ny dimampolo taona niverenan'ny Fahaleovantena: 1972, 1991, 2002, 2009. Tsy ny harena no tsy ananana na ara-olona na ara-zava-boahary. Tsy ny tany hanorenam-pangady no tsy ampy na ny fitaovana enti-miasa. Ny manam-pahaizana sy mpahay-raha Malagasy rahateo nitombo izay tsy izy taorianan'ny fananganana ny Oniversite isam-Paritra. Ambonin'izay, dia ranomasina no valam-parihin'ny firenena Malagasy manontolo; tsy izarana amin'iza na amin'iza i Madagasikara; soatoavina iraisana no iainana an-davanandro dia ny "fanahy no maha-olona" sy ny fihavanana, ary tenim-pirenena iray no ifanakalozan-kevitra dia ny teny Malagasy.

Manana fototra iaingana tsara ny Malagasy hampandrosoana, hampivelarana, ary handaminana ny tany sy ny firenena. Koa dia nahoana no tratran'ireo fisavoritahana politika lehibe ireo i Madagasikara, ka lasa rambony amin'ny fandrosoana fa tsy lohany? Lasa mitsiriritra ny hafa fa tsy tsiriritin'ny hafa? Ary inona no tokony hatao mba tsy hiverimberenan'izany intsony, fa mijaly ny firenena, ary sahirana ny taranaka amam-para na ny ankehitriny na ny ho avy? Manandrana mamaly an'izany ity lahatsoratra ity ka manindry feo ny maha-sarobidy ny "miainga ifotony".

Koa dia manolotra ny fisaorana sy fankatelemana an'ireo rahalahy mpanao politika nampitsiry ny hevitra ary nampifandray azy amin'ny sehatra diplaomatika, noho ny fitadiavana fankatoavana iraisam-pirenena hatramin'ny fiovam-pahefàna tamin'ny marsa 2009. Toy izany koa ny fisaorana ho an'ireo rehetra nahafoy ny fotoanany, namaky, sy nanampy tamin'ny fanitsiana ny voasoratra, indrindra teo amin'ny fitsipi-pitenenana sy ny fampiasana voambolana: tapaka sy namana, diplaomaty, ankohonana.

Singanina manokana eto ny Akademia Malagasy sy ny Filohany Dr. RAJAONA ANDRIAMANANJARA nanome sehatra tamin'ny valan-dresaka nahazoana tsikera sy sosonkevitra mahasoa. Sitraka ihany koa no atolotra ny Ambasadaoro-Mpikaroka Dr. Narisoa RAJAONARIVONY izay nanaiky hanao ny teny fanolorana. Ary tsy adino ny namana Martine STANESCO sy ny vadiko Mamy ANDRIAMANDROSO izay nandravaka ny fonom-boky.

TENY FANOLORANA

Tsy zava-baovao eo amin'ny tantaran'ny firenena manerana izao tontolo izao ny fisian'ny olana, disadisa politika na koa fanonganam-panjakana. Mazàna ireny olana ireny dia miafara amin'ny fifandonana eo amin'ny mpifanandrina ka miteraka rà mandriaka mihitsy aza. Korontana, fifanjevona, fifankahalana : izany, raha atao bango tokana, no tontolo iainan'ireny firenena ianjadian'ny savorovoro ara-politika ireny. Na dia mahery vaika aza matetika ny tsy fifankazahoana eo amin'ny mpifanandrina, dia tsy mikoso-maso ireo izay mahatsapa fa tsy hahitam-bokatsoa ny fifandrafiana; noho izany dia raisiny ho adidy ny fampihavanana ny mpifankahala. Samy miezaka amin'izany fanelanelanana izany na ny olon-tsotra tsara sitra-po, na ireo firenena sakaiza, na ireny vondrona iraisam-pirenena isan-karazany ireny. Eo indrindra ary no mipetraka ny fanontaniana: mby hatraiza no fetra ahafahan'ny firenena any ivelany na ireny vondrona iraisam-pirenena ireny mitsabaka (*ingérence*) amin'ny raharaha tokantranon'ny hafa ka tsy manohitohina ny fiandrianam-pireneny (*souveraineté nationale*)? Tena ilaina ve ny fanelanelanana vahiny ka iza no mendrika hanao izany, sa kosa dia ampy tanteraka ny fanelanelanana ataon'ny samy tera-tany?

Ireo fanontaniana ireo no handraman'ity asasoratra notanterahan'i Denis Andriamandroso ity valiana, ka hanasongadinany ny anjaran'ilay foto-kevitra miompana amin'ny "miainga ifotony" (*subsidiarité*) amin'ny famahàna ireny disadisa ara-politika izay manakorontana firenena maro, indrindra fa ny firenena Afrikana ireny.
Tsy mahagaga, noho izany, raha miatomboka amin'ny (i) fijerena ireo disadisa politika aty Afrika, (ii) ny fanazavana izay mety ho fifanoherana misy eo amin'ny tsy fahazoana mitsabaka (*principe de non-ingérence*) sy ny "miainga ifotony"

(*principe de subsidiarité*), ary (iii) ny fampiharana ny "miainga ifotony" araky ny ampiasain'ny fianakaviambe iraisam-pirenena azy amin'ny fandaminana disadisa ara-politika ny fanadihadiana.

Nohon'ny fahasarotan'ny loha-hevitra izay fakafakain'ity lahatsoratra ity, dia mendrim-piderana ny mpanoratra satria sahy nitsikera ny habe sy fetran'izany "miainga ifotony" izany, ary nandalina ihany koa ireny loha-hevitra toy ny fahafahana mitsabaka (« *principe d'ingérence* ») izay voizina eo amin'ny sehatra iraisam-pirenena ireny. Azo heverina ho vaha-olana ary ve ny fampiasana ny "miainga ifotony" sa dia hijanona ho resabe fotsiny ihany? Misy lesona azo tsoahina ho an'i Madagasikara ve ireny fanelanelanana nataon'ny vondrona iraisam-pirenena maro toy ny SADC ireny?

Manandrana mitondra valiny amin'izany fanontaniana izany ity fanadihadiana ity, ary marihina etoana fa isan'ny hevi-dehibe izay voizina eo amin'ny sehatry ny fanjakana tsara tantana (*gouvernance*) ny "miainga ifotony". Ireo antony roa ireo fotsiny dia ampy hanomezana hasiny ity asasoratra ity, noho izy miezaka ny hitondra ny anjara birikiny amin'ny fampivoarana ny fandriam-pahalemana sy fampandrosoana eo anivon'ny fiaraha-monina, satria tsy hisy mihitsy fampandrosoana vanona raha tsy misy fandriam-pahalemana, ary tsy hisy fandriam-pahalemana raha tsy misy ny fivoarana sy ny fandrosoana.

RAJAONARIVONY Narisoa, PhD

SAVARANONANDO

Ny fifandraisana iraisam-pirenena dia sehatra iray ahafahan'ny tany sy firenena iray misokatra amin'ny any ivelany, hiaro ny tombontsoany eo anatrehan'izao tontolo izao, ary hanehoany koa fa manana ny maha-izy azy izy, mizaka feno ny fiandrianam-pireneny. Fitaovana iray andrindràna an'izany fifandraisan'ny tany sy firenena samy manana ny maha izy azy izany ny diplaomasia, indrindra indrindra, hahafahan'ny tsirairay avy mandrangaranga sy miaro ny tombontsoam-pireneny. Izay no mampitovy ny diplaomaty sy ny miaramila, miloloha an-tampon'ny loha ny fiandrianam-pirenena, sy miaro fatratra ny tombontsoam-pirenena.

Voasedra mafy anefa io fiandrianam-pirenena io, mampisy disadisa eo amin'ny tompontany sy ny fianakaviam-be iraisam-pirenena rehefa mikorontana ara-politika ny ao amin'ny firenena iray, toy izay hita eto Madagasikara amin'izao fotoana izao.

Ny tena ipoiran'ny olana, dia ny fiheverana ny tompontany fa mitsabaka amin'ny raharaha tokantranony ny firenena na vondrom-pirenena hafa, ka manitikitika sy manosihosy ny fiandrianam-pireneny. Ny faharoa anefa, dia miditra an-tsehatra ireo firenena na vondrona ireo, satria nanao sonia fiaraha-miasa sy fifandraisana aminy ianao. Ny fanekena vita sonia dia fanomezanao alàlana an'ireto nifanaiky taminao, hiditra an-tsehatra an-ka-tsaràna sy an-karatsiana.

Izany fidirana an-tsehatra izany, ahoana ny fitrangany ara-diplaomasia, aiza izy no manomboka, ary aiza izy no mifarana? Inona ny tombontsoa sy voka-dratsy mety aterany ? Ahoana ny fizaràna andraikitra eo an-toerana ? Ahoana ny fifampizaràna andraikitra amin'ny any ivelany, izany hoe ny fianakaviana iraisam-pirenena ?

Iza no tokony hirotsaka mialoha, ny tompon-tany, sa ny fianakaviana iraisam-pirenena ? Ny tena akaiky vilany feno harina sa ny lavitr'afo ?

Izany no anisan'ny fanontaniana hitadiavan'ity famakafakàna ity valiny. Ka ny tena tanjona, dia ny hoe : ahoana no hisorohana ny fiverimberenan'ny korontana politika aty Afrika, raha ny trangan-javatra teto Madagasikara tamin'ny taona 2009 no dinihina ?

Amin'izany fitadiavana hevitra fisorohana izany, dia mipetraka ny hoe misy ilàn'azy ve ny « miainga ifotony », na amin'ny teny frantsay « *principe de subsidiarité* ? ». Azo adika io ho an'ny am-baratongam-pahefàna aty ambany indrindra, fa raha «mbola vitako (ry am-baratongam-pahefàna ambony) dia aza isalovanonao », ary ho an'ny ambaratonga-pahefàna ambony na Fanjakana Foibe kosa, dia azo tsorina hoe « aleo ny andraikitra (ry am-baratongam-pahefàna aty ambany) ho raisiko an-tànana fa tsy zakanao ». Ny fanontaniana faharoa, dia ny hoe, niasa teto Madagasikara ve io fotokevitra « miainga ifotony » io, tamin'ny ezaka famahana krizy ?

1 NY ATAO HOE KORONTANA POLITIKA SY NY MAHATONGA AZY

Maro dia maro ny azo hamaritana ny atao hoe korontana na savorovoro politika: ny azo anatsorana azy amin'ity ady hevitra atao etoana ity, dia ny hoe, misy korontana na savorovoro politika ao amin'ny tany sy fanjakana iray, satria iadiana tsy ara-potoana, ary ivelan'ny fitsipika voalazan'ny Lalampanorenana ny fahefàna. Izany hoe, nafindra na nalaina tamin'ny fomba tsy demokratika. Demokrasia arakin'ny fenitra nolovaina tamin'ny mpanjana-tany (Lafrantsa) sy ny tany tandrefana mitovy fijery aminy toa an'i USA, Alemaina Federaly, UK sns., izay manao hoe: **fifidianana[i] ihany no làlan-tokana ahatongavana eo amin'ny fahefàna.** Ny ankoatran'izay dia fanonganam-panjakana. Ary ny setriny tena hita maso, dia ny fandavan'ny fianakaviambe iraisam-pirenena izay governemanta aterak'izany fandraisam-pahefàna tsy manara-penitra izany, na fitondrana "tsy ara-dalàna"[ii].

Na dia ohatr'izay aza anefa ny famaritana ny atao hoe korontana politika, noho ny tsy fanajana ny fitsipi-dalao demokratika, dia tsy tena mitovy ny antony mety mahatonga azy, arak'ireto ohatra efatra (4) manaraka ireto: Maoritania, Ginea, Madagasikara, Niger.

Maoritania 06.08.2008: Nalain'ny andian-miaramila notarihin'i Jeneraly Mohamed Ould Abdel Aziz an-keriny tao Nouakchott, Renivohitra, ny Filoha am-perinasa Sidi Ould Cheikh Abdallali sy ny Praiministra Yahya Ould Ahmed, ka noraisiny ny fahefàna.

Ginea 23.12.2008: Zara tapitra ny fofonaina ny Filoha Lansana Conté izay nitondra an'i Ginea (Conakry) nandritra ny 24 taona, tsy mbola afaka tena nanomboka nisaona azy akory ny firenena, dia efa iny sahady ny miaramila notarihin'i Kapiteny Moussa Dadis Camara no nandray ny fahefàna sady nanambara fa manomboka izao dia rava ny governemanta ary atsahatra ny andrim-panjakana repoblikana rehetra.

Madagasikara 17.03.2009: nandray Didi-Hitsivolana 2009-001 tamin'ny faha-17 marsa 2009, mamindra ny fahefàna feno amina Fitondra-Miaramila (*Directoire Militaire*) ny Filoha am-perinasa Marc Ravalomanana. Amin'ny tsy fahafahan'ny Filoha tahak'izao anefa dia tokony nafindrany tamin'ny Filohan'ny Antenimierandoholona ny fahefàna[iii]. Iretsy miaramila notolorana indray moa dia tsy nitàna an'izany, fa namindra azy tamin'Andriamatoa Andry Nirina Rajoelina, izay nanohitra ny fitondrana teny an-dalambe nanomboka ny volana janoary 2009, tao aorianan'ny nanakatonan'ny Fanjakàna ny Radio Viva tamin'ny volana desambra 2008, ary nanangona manodidina azy, ireo atao hoe "herin'ny fanovana". Nomarihiny tamin'ny fomba ofisialy tamin'ny finianana teny i Mahamasina tamin'ny 21 marsa 2009 ny fandraisany an'izany fahefàna izany. Nahatony avy hatrany koa moa ny Antenimierampirenena sy ny Antenimierandoholona.

Niger 17.02.2010: Nesorin'ny miaramila notarihin'i Komanda Salou Djibo teo amin'ny fahefàna ny Filoha am-perinasa Mamadou Tandja. Hamerina ny demokrasia hono no nanavaon'ireto miaramila an'izao hetsika izao. Marihina fa fanonganam-panjakana tamin'ny taona 1999 koa no nahatongavan'ity Filoha noesorina tamin'ny fahefàna ity.

Ny savorovoro politika ateraky ny fandraisam-pahefàna, tsy nandalo fifidianana izany, no ho vain-dohan-draharaha eto; mipetraka avy hatrany ny hoe "ahoana ny fomba handaminana azy", ary "iza no tokony handray an-tànana izany fandaminana izany": ny ao an-trano ve aloha? Sa ny any ivelany?

Raha fintinina dia tsy anjaran'ity famakafakàna ity ny handalina an'ireo fomba fanovam-pahefàna voatanisa etsy ambony ireo. Fa ny ezaka nataon'ny diplaomasia handaminana azy arakin'ny fampiasàna ny foto-kevitra "miainga ifotony" na *"principe de subsidiarité"* ihany no imasoany.

2 NY SEHATRA DIPLAOMATIKA ARY NY TSY FAHAZOANA MITSABAKA

(*Principe de Non-Ingérence*)

2.1 Ny Sehatra Diplaomatika

Ny sehatra diplaomatika dia miantehatra amin'ny diplaomasia, izay raha fintinina amin'ny teny fohy dia ny hoe fifandraisana aram-panjakàna eo amin'ny tany roa tonta samy mahaleo tena. Tsiahivina etoana fa ny 27 jiona 1865 ny Praiministra Rainilaiarivony dia efa nanao sonia Fifanarahana[iv] mikasika Firahalahiana sy Fandriampahalemana tamin'ny Fanjakana Anglisy ; toy izany koa ny Fifanarahana nosiaviny tamin'ny Fanjakana Amerikana (USA) ny 15 februory 1867 ; tamin'ny Fanjakana Frantsay ny faha-08 aogositra 1868 ; ary farany tamin'ny Fanjakana Alemana[v] ny faha-15 mai 1883. Izany koa no nahatonga ny fitondrana io faha-Mpanjaka io, naniraka Masoivoho[vi] nihaona tamin'ny Fanjakana Anglisy sy Frantsay ny septambra 1882-oktobra 1883, raha nifanolana tamin'ny Fanjakana Frantsay ny Fanjakana Malagasy. Ary izany koa no niandrasana ny taona 1960, niverenan'ny fahaleovantenan'i Madagasikara, vao tafiditra ho mpikambana tao amin'ny Firenena Mikambana (FM) izy. Matoa nisy izany dia satria :

- Manana ny fiandrianam-pireneny ny tany sy firenena malagasy, ka nampiseho an'izany amin'ny fisafidianana ny tany sy fanjakàna tiany hifandraisana. Ireo firenena ireo no ampahafantarina ny mpitondra sy ny diplaomaty malagasy, ny politika anatiny sy ivelany arahin'ny Governemanta malagasy[vii] ;

- Natao hiaro ny tombontsoam-pirenena ny diplaomasia, ary izay no anton'asa voalohany mipetraka amin'ny Masoivoho malagasy.

- Mametraka ny tombontsoany ho voalohan-daharam-pahamehana koa anefa ny firenena ifandraisan'i Madagasikara, koa ny asan'ny diplaomasia dia ny manao izay hampifanatona ny fomba fijerin'ny roa tonta. Nanamafy an'izany i Prezida Tsiranana raha nanitrikitra hoe : « izany namana izany tsy misy ; tombontsoa ihany no izy »[viii], raha mbola fifanarahana iraisam-pirenena no resahina. Ny diplaomatin'ny tany sy firenena mifandray, dia mibanjina mandrakariva ny tombontsoa iraisana, ka hanao izay hifanarahana.

Tsara ho marihina hoy i Césaire Rabenoro (1986), fa ny diplaomasia tamin'ny Repoblika I dia tsy nionona fotsiny tamin'ny fitsimbinana ny tombontsoam-pirenena, fa tena nanome hasina mihitsy ny maha-firenena miavaka an'i Madagasikara, indrindra ny Malagasy, amin'ny fanandratana hatrany ny fihavanana. Ny Minisitra Malagasy momba ny Raharahambahiny sy ny diplaomaty Malagasy miasa eran-tany dia voafatry ny Filoha Philibert Tsiranana hampirangaranga an'izany. Ny dikan'izany amin'ny teny fohy, dia natao hitandro fihavanana foana ny solontenam-pirenena Malagasy any ivelany ; izany hoe mampiseho fa ny Malagasy dia mipetrapetraka, mahalala onony, ary tsy misetrasetra (*modéré*)[ix]. Nanizingizina noho izany ny Fitondrana Malagasy fony Repoblika I, fa ny fampiraharahana ihany no fitaovana mahomby indrindra eo

6

amin'ny fifandonana iraisam-pirenena (*conflits internationaux*).

Na eo aza izay maha-malagasy ny Malagasy izay, ny resaka fiandrianam-pirenena sy fiadiana tombontsoa, dia zava-dehibe hoan'ny diplaomasia eran-tany. Raha tombontsoa fotsiny no resahina, dia mazava ho azy ny antony nanafihan'ny vondrona tandrefana an'i Iraka tamin'ny taona 1991. Samy nilain'ny mpanafika daholo na ny solika tao Iraka, na ny solika tao Koweit. Toy izany koa, no nahatonga an'i Afrika Atsimo nitsofoka nampandry tany tany Lesotho tamin'ny taona 1998, araka ny voasoratra etsy ambany.

2.2 Ny Fifandraisana iraisam-pirenena sy ny Fiandrianam-pirenena atiny sy ivelany

Araka ny hita ao amin'ny « *Pacte sur les Droits civils et politiques* » tamin'ny 16 desambra 1966, dia manan-tsafidy amin'izay tiany hatao ny firenena tsirairay (*droits des peuples à disposer d'eux-mêmes*). Izany hoe, afaka mametraka izay fitondràna politika andrian'ny sainy. Malalaka toy izany koa ny fahafahany misafidy izay politika fampandrosoana tiany arahina: ara-dalàna ve sa ara-drariny ny fepetra raisin'ny fitondrà-mahefa amin'izany, dia tsy idiran'ny fianakaviambe iraisam-pirenena raha ny tokony ho izy. Saingy eo amin'ny fampiharana no misy azo ialàna amin'izay : tamin'i Afrika Atsimo mbola nianjadiany ny Fanavakavaham-bolonkoditra (Apartheid), ohatra, dia niditra an-tsehatra ny tany mandroso maro sy ny Firenena Mikambana (FM).

Raha ny tokony ho izy manko tsy azo atao ny mitsabaka amin'ny raharaha-tokan-tranon' ny Firenena iray (Satan'ny FM art. 2 § 7)[x]. Izay no lalàna amin'ny ankapobeny. Tsy hajain'ny fianakaviam-be iraisampirenena anefa izay, rehefa misy antony lehibe manosika azy tsy hipetra-potsiny. Hidirany fotsiny izao ny fiandrianam-pirenena anatiny sy ivelany, rehefa hitan-dry zareo, fa manitsakitsaka ny lalàna iraisam-pirenena ny tany sy firenena iray.

Ohatra, i Iraka-n'i Saddam Hussein sy i Serbia-n'i Slobodan Milocevic, izay noheverin'ny fianakaviam-be iraisam-pirenena fa nandrahona ny fandriam-pahalemana sy nanosihosy mihitsy aza ny zon'olombelona.

Mitsofoka ihany koa ny fianakaviambe iraisam-pirenena, rehefa mahatsapa na mahita fa tsy nanaraka ny lalàna demokratika ny famindra-pahefàna. Tsy misy mankato noho izany ilay Fitondràna vaovao. Iainantsika eto Madagasikara ity amin'izao fotoana izao, koa aleo tsy hivalam-parana.

Nitodihana fohy teto ny fifandraisana diplaomatika nataon'ny Fitondrana Malagasy faha-Mpanjaka. Raha ny disadisa[xi] politika tamin'ny Frantsa tamin'izany fotoana izany (1881-1896) no tsiahivina, dia tsy vaovao amintsika ny mifanjevo ara-diplaomatika amin'ny firenena matanjaka. Ny mifampidinika amin'ny rahalahy Afrikana momba ny politika sy ny fandriampahalemana eto Madagasikara no mbola tsy nisy, ka samy hita sahirana na isika na ireo iraka Afrikana mitady hamaha olana eto amintsika, eny na dia avy amin'ny tany tsy lavitra antsika tahaka an'i Mozambika sy Afrika Atsimo aza no fihaviany.

2.3 Ny Fandaminana korontana ara-politika sy ny fitsinjaràna andraikitra eo amin'ny ambaratongan- drafitra samy hafa

Amin'ny ankapobeny, eo amin'ny sehatra diplaomatika, dia ny Fikambanam-paritra mifanolo-bodi-rindrina amin'ilay tany mikorontana ara-politika tokoa aloha, no mirotsaka an- tsehatra; ohatra, ny *Southern African Development Community* (SADC), raha ny mikasika an'i Madagasikara. Tena izay tokoa ve ny fitrangany teto Madagasikara?

Inona no atao hoe "miainga ifotony" (*subsidiarité*)?

3   NY FOTOKEVITRA « MIAINGA IFOTONY »

(Principe de Subsidiarité)

3.1   Ny Tantarany

Ny azo ampidirana ny fandraisana andraikitra na fitsabahana isan'ambaratonga, dia ny fomba fiteny malagasy manao hoe « **aleo aho hanao izay vitako, fa izay tsy efako kosa dia raisinao** ». Raha eo amin'ny asam-panjakàna izany dia manao hoe, aza mitsofoko mihitsy aloha ianareo Fanjakàna Foibe, raha mbola vitanay eto anivon'ny Fokontany ny raharaha. Ny Fanjakàna Foibe indray anefa mety milaza hoe, tsia, aleo tonga dia raisiko io, fa manana ny enti-manana rehetra hahavitàna azy tsara kokoa, sy tena mahomby aho. Ny ohatra tsotra, dia ny maka lakan-drano fanondrahana tanimbary, izay mety ho vitan'ny fokontany eo toerana andalovany, fa tsy ampy kosa raha asaina mandalo kaomina na distrika maromaro. Fara-faha-ratsiny, ny fahefam-paritra no mety ahavita azy kokoa noho ny fokontany. Etsy andanin'izay anefa, dia mieritreritra kosa ny fokontany, fa raha « *bassin* » fanasan-damba, na paompin-drano fatsakàna, dia mba andraikiny manokana ny mikasika ny toerana, sy ny vola takiana any amin'ny mpanjifa.

Io ilay hoe, izay azon'ny ambaratonga fara-faha ambaniny amin'ny rafi-pitondrana atao, dia avelao ataony, ary dia miherona amin'izany mihitsy io ambaratonga fara-faha-ambaniny, tahaka ny fokontany io. Ary dia hoatran'izay mihitsy ny fiatombohan'ny « aleo aho hanao izay vitako, fa izay tsy efako kosa aoka ho raisinao » na ny hevitra fototra « *principe de subsidiarité* ». Ny teny malagasy mety azo handikana azy angamba, dia ny hoe « **miainga ifotony** », na miainga amin'ny « farany ambany », izay teny mifandaka amin'ny hoe « tonga dia any am-bovonana », na « any amin'ny fara-tampony ».

Araka ny tantara, dia ny filozaofy Johannes Althusius (1557 – 1638) no nanoratra voalohany momba azy io tamin'ny taona 1603 (*Politica methodice digesta et exemplis sacris et profanis illustrata, cui in fine adjuncta est Oratio panegyrica de utilitate, necessitate et antiquitate scholarum*), izay nanipihiny ny tokony hanomezana fahafaha-mandidy malalaka ny Vondrom-bahoaka fototra (*collectivités de base*), mihoatra amin'ny Fitondrana Foibe (*pouvoirs centraux*).

Taty aoriana dia noraisin'ny Fitondrana katolika izy io, ka ny Papa Léon III no nampiditra azy tao amin'ny *"Encyclique Rerum Novarum"*, izay namaritra voalohany ny fomba fijery sy fotokevitra ijoroana ara-piarahamonina (*doctrine sociale*) ny Fiangonana katolika ; ahitàna io koa ao amin'ny fisaintsainan'i Calvin. Ny votoatin'ny hevitra voarakitra ao amin'izany "miainga ifotony" izany dia: mamoa-fady sy mahamenatra raha toa ka zavatra vitan'ny ambaratongam-piaraha-monina farany ambany (*niveau social le plus bas*), dia isalovanan'ny ambaratonga-mpiaraha-monina farany ambony (*niveau social le plus élevé*). **"Sery vitan'ny anamalaho tokoa ve dia hamonoana vantotr'akoho"**?

Eo amin'ny lafiny politika kosa, amin'izao andro ankehitriny izao, dia any amin'ny tany tahakan'i Alemaina Federaly na i Soisa na Vondrom-pirenena lehibe tahakan'ny Firaisambe Eraopeanina (FE) no azo anarahina akaiky ny fampiharana azy. Ny andininy faha-3B ao amin'ny Fifanarahana tany Maastricht tamin'ny taona 1992 no mamaritra azy io mazava hoan'ny FE. Ny tanjona amin'izany dia ny hoe, mba ny ambaratonga tena tokony handray andraikitra no mandray andraikitra, ambaratonga izay akaiky indrindra ny vahoaka (*le niveau le plus pertinent et le plus proche des citoyens européens*). Etsy andanin'izany anefa, raha toa ka ny ambaratonga fara-tampony no tompon'ny fanapahana, dia tsy maintsy miandry fanapahan-kevitra (*décisions*) na toro-làlana (*directives*) avy aminy vao afa-mihetsika. Ny volana marsa 2010 ny Fanjakàna Frantsay no saika angataka alàlana hiataka amin'ny mahazatra (*dérogation*) momba ny "*taxe carbone*" hoan'ireo toeram-pamokaran-taojava-baventy (*sites industriels*) frantsay sasany, kanefa dia tsy nomen'ny Kaomisionina Eraopeanina, fa nasainy niandry ny toro-làlana izay homeny ny mpikambana rehetra, izay miisa 27.

Eto amin'ny lafiny politika sy diplaomatika, dia midika ny "miainga ifotony", fa raha mbola voalamin'ny firenena iray ny fisavoritahana ao aminy, dia tsy tokony hitsofoan'ny hafa. Raha tsy hoe angaha misy fanaovana vono-moka andiam-poko (*génocides*), na heloka bevava vita amin'ny zanak'olombelona (*crimes contre l'Humanité*) na Zon'olombelona voahitsakitsaka (*violation des droits de l'homme*). Raha ireo no mitranga, dia miditra tsy antsoina ny fianakaviam-be iraisam-pirenena. Hita izany tamin'ny famoahan'ny Tribonaly Iraisam-pirenena momba ny Heloka (*ICJ*), den Haag, didy mampisambotra an'i Hassan Ahmad Al-Bashir, Prezida Sodana, noho ny fanaovana vono moka ny olona tany Dariforo.

Raha tsy izany, dia iangaviana ny Fianakaviam-be Iraisam-pirenena vao miditra an-tsehatra (*intervention sollicitée*), tahak'izay hita amin'ireo ohatra efatra voatanisa etsy ambany, dia i Lesotho, RDC, Zimbabwe ary i Madagasikara.

3.2 Ny Fandaminana Korontana ara-politika sy ny Fitaovana eo am-pelatànan'ny Fianakaviam-be Iraisam-pirenena (FM, FA, SADC):

Ny fidiran'ny FM amin'ny korontana na fisavoritahana ao amin'ny tany na faritra iray, dia hita ao amin'ny toko faha VII ao amin'ny Sata mifehy ny FM. Voafaritra ao ohatra ny momba ny diplaomasia fisorohana korontana (*diplomatie préventive*). Ny korontana tany Côte d'Ivoire tamin'ny 2002 ohatra, dia nahitàna taratra an'izany raha niditra ny FM, ny Fikambanan-Paritra CEDEAO na *Communauté des Etats d' Afrique de l'Ouest* sy i Frantsa. Mba hialàna amin'ny fifamonoana amin'ny mpifanandrina sy ny ady an-trano mety mahafaty olona betsaka no nisian'izany fidirana an-tsehatra izany. Maro karazana ireo sampanan'ny FM mikarakara ny fampandrian-tany sy ny fandriam-pahalemana, koa tsy ho voatanisa eto. Ny tena manam-pahefàna indrindra moa dia ny Filankevitra momba ny Fandriam-pahalemana (*Conseil de Sécurité*), izay misy Mpikambana maharitra Dimy manana zo hitsivalana izay tinapaka (*droit de véto*). Ny azo mbola hanampy, dia afaka miara-miasa amin'ny fikambanam-paritra ny FM, eo amin'ny asa fandaminana sy famahana olana: ohatra ny CEDEAO any Afrika andrefana na ny SADC aty Afrika atsinana.

Ny an'ny Firaisambe Afrikanina (FA) indray dia naka tahaka ny FM, ka rehefa nodimbiasan'ny FA tamin'ny 2002 ny Fikambanan'ny Tany Afrikana (OUA), dia namorona tamin'ny taona 2003 ny Filankevitra momba ny Fandriam-pahalemana sy ny Filaminana (*Conseil de Paix et de Sécurité*) izy. Ny tena manavaka azy amin'ny OUA, teo aloha, dia ny zo nomeny ny tenany hitsabaka (*droit d'ingérence*) amin'ny korontana na fisavoritahana mety mitranga eto Afrika tahaka ny : fanaovam-bono moka taranak'olombelona na *genocide*; heloka-bevava mandritra ny ady na *crimes de guerre*; ary ny heloka bevava atao amin'ny zanak'olombelona na *crimes contre l'humanité*. Izany no nahatonga ny FA nandray anjara tany Togo tamin'ny taona 2005 ary nandefa miaramila mpampandry tany miisa 6000 nankany Dariforo tamin'ny taona 2007. Miara miasa akaiky amin'ny Fikambanam-paritra koa izy, ohatra miaraka amin'ny CEDEAO tamin'ny fanonganam-panjakana vao haingana tatsy Niger. Mazava ho azy fa tsy afaka manao zavatra mifanipaka amin'ny Satan'ny FM ny FA. Ary ny fanapahan-keviny sasany aza dia mbola mila fankatoavan'ny FM koa, ohatra ny sazy natao ho an'i Fahefà-mahefa Malagasy nanomboka ny 17 marsa 2010. Marihina etoana fa na ny FM na ny FA dia samy mampiasa an'io "miainga ifotony" io: ny Vondrom-paritra aloha no mandray an-tànana, izay vao mitsofoka izy raha ilaina.

Eo amin'ny tantara politika, ny SADC dia nialoha làlana ny FA, raha namorona tamin'ny volana may 1996 ny Rantsa-mangaika manokana mikarakara ny resaka Politika, ny Fiarovana ary ny Filaminana (*Organ for Politics, Defense and Security*[xii]), araka ny voalazan'ny And. 4, ny Dinan'ny SADC (*SADC Treaty*)[xiii].

Na tsy voalaza terý aloha aza, tamin'ny noresahina ny FM, dia mazava ho azy fa hoatran'ny ao amin'ny FM sy FA ihany, dia mitovy lanja eo anoloan'ny lalàna (*égalité juridique*) ny mpikambana rehetra. Na izany aza, amin'ny andavan'andro dia hita ihany ny firenena matanjaka mampangina ny rehetra, raha vao mandray fitenenana, toan'i Afrika Atsimo[xiv].

Eo amin'ny lafiny politika, fiarovana ary filaminana dia manaraka ireto sori-dàlana[xv] ireto ny Ratsa-mangaika (*Organ*) :

c)   Fitandroana *firaisan-kina, fandriampahalemana, ary filaminana ao amin'ny Faritra*
d)   *Fanaovana anaka andriamaso ny zon'olombelona, ny demokrasia ary ny fitsipi-dalàna*
e)   ...
f)   *fandaminana ny fifandonana amin'ny alàlan'ny fifampiraharahana, fampiombonana, ary fanelanelanana,*
g)   *Ny mampandray anjara hery miaramila na inona na inona karazany, dia tsy azo atao raha tsy efa tapitra nampiasaina daholo izay nety ho vaha-olana mifanaraka amin'ny Sata mifehy ny OUA sy ny Firenena Mikambana.*

Ny rantsa manatanteraka amin'izany (*institutional framework*), dia eo amin'ny ambaratongan'ny Fihaonana Fara-tampony (*Summit*), sy ny ambaratonga ny Minisitra (*ministerial level*).

3.3 Ohatra efatra (4) azo isaintsainina : Lesotho, RDC, Zimbabwe, Madagasikara

Lesotho (korontana taorian'ny fifidianana)
Ny volana septambra 1998 nikorontana i Lesotho taorianan'ny fifidianana solombavam-bahoaka izay tsy neken'ny mpanohitra ny vokany. Nangataka ny Mpanjaka Letsie III ry zareo mba tsy hanaiky ny vokatr'io fifidianana io. Etsy andininy koa, ny miaramila dia efa nihetsiketsika. Natahotra noho izany ny Praiministra Pakalitha Mosisili ka nitady vonjy haingana taty amin'ny SADC. Poa toy izay dia tonga ny miaramila 600 avy eto Afrika Atsimo, nampian'ny 200 avy any Botswana, nanatanteraka ny atao hoe *operation* « *Boleas* ». Fidinana an-tsehatra voalohany nataon'i Afrika Atsimo io, taorianan'ny *Apartheid*. Voalamina ny tany.

RDC (loza mitatao noho ny fanafihana avy any ivelany)
Ny taona 1998 io ihany koa dia niantso ny SADC itkl. Laurent Kabila teo anoloanan'ny rahom-panafihana avy any Rwanda sy Uganda. Firenena telo (3) no avy dia namaly ny antsony tamin'izany, dia i Angola, Namibia ary i Zimbabwe. I Tanzania izay manana sisintany lava be iraisana amin'i Repoblika Demokratikan'i Congo (RDC), dia nitazam-potsiny, tsy te-homba na ny atsy na ny aroa; ary i Zambia izay mifanolo bodi-rindrina amin'i RDC koa, dia te hanao fanelanelanana fotsiny.

Zimbabwe (korontana taorianan'ny fifidianana)
Tamin'ny voalohan'ny taona 2008 kosa i Zimbabwe dia
niatrika fifidianana Filoham-pirenena sy solombavam-
bahoaka. Resin'ny mpanohitra avy amin'ny antoko MDC n'i
Morgan Tsivangirai ny Zanu-PF n'ing. Robert Mugabe, ary
na tamin'ny vato azon'ny mpilatsaka ho filohan'ny
Repoblika aza, dia mbola i Tsivangirai ihany no nitarika 46%,
raha 43% fotsiny ny an'i Mugabe. Nipetraka noho izany, ny
fananganana governemanta sy ny fiodinana faharoa amin'ny
fifidianana izay ho Filohan'ny Repoblika. Noho ny filàna
kisa sy ny fandrahonana maro samy hafa, izay nolazainy fa
nihatra taminy sy ireo mpanaraka azy moa, dia nijanona an-
tsitrapo tsy hilatsaka tamin'ny fiodinana faharoa i Morgan
Tsivangirai. Nantsoina hanampy amin'ny fandaminana ny
SADC, izay nanendry an'i Prezida Thambo Mbeki (izay
mbola am-perinasa tamin'izay), hanao ny fanelanelanana eo
amin'ny roa tonta, amin'ny anaran'ny SADC.
Nilamindamina ihany ny raharaha taty aoriana, ka nanaiky
hotendrena ho Praiministra i Tsvangirai.

Madagasikara (korontana taloha sy taorianan'ny famindra-
pahefàna). Ny an'i Madagasikara dia efa fantantsika rehetra
ny niatombohany, ka tsy ilaina averina eto intsony. Fa ny azo
tantaraina fohy etoana, dia ny Fitondram-panjakana
tamin'izany fotoana izany no nampiditra an'i Afrika Atsimo
sy ny SADC, raha vao niandohandoha fotsiny ny
fifandonana tamin'ny volana febroary 2009. Ny Ministra
malagasy momba ny Raharaham-bahiny mihitsy, no nanao
fangatahana ofisialy, tamin'ny fivoriana tany Cape Town
tamin'ny volana febroary 2009.

Koa rehefa nigadona teto Afrika Atsimo ny Filoha teo aloha,
taorianan'ny 17 marsa, dia efa nahafantatra daholo ny
manampahefàna ny SADC, koa tsy mahagaga raha nanao
ireny fanapahan-kevitra tany Lozitha tamin'ny 30 marsa

2009 ireny ny SADC, izay manameloka ny famindram-pahefàna teto Antananarivo, ary nandrahona ny handray fepetra mahery vaika raha ilaina. Tamin'io fivoriana tsy ara-potoana nataon'ny Rantsa-mangaika misahana ny Politika, ny Fiarovana ary ny Fandriampahalemana (RPFF) tany Lozitha ny 30 marsa 2009 io koa dia mbola noamafisin'i Prezida Ravalomanana tao amin'ny kabariny ny fangatahana ny SADC hirotsaka an-tsehatra.

4 NY "MIAINGA IFOTONY" SY NY SADC TETO MADAGASIKARA

Tanisaina fohifohy eto ny ezaka nataon'ny SADC, hahitana ny fiasan'ny "miainga ifotony" amin'ny korontana politika, tahaka izay niseho teto Madagasikara. Tamin'ny faha-02 february 2009 ny Praiministra Malagasy Charles Rabemananjara dia nanolotra antontan-taratasy mirakitra ny fandehan-draharaha taty Madagasikara ny Rantsa-mangaikan'ny Troika SADC momba ny Politika, ny Fiarovana, ary ny Fandriampahalemana (RPFF). Taty aorianan'ny "alatsinainy mainty" 26 janoary 2009, izay nahitana fandoroana sy fandrobana ny haino aman-jerin'ny Fanjakana RNM sy TVM ary ny orinasan'ny Filoha am-perinasa Ravalomanana toy ny MAGRO sy ny haino aman-jery MBS, izany.

Avy hatrany dia nandray fepetra ny SADC ka naniraka solontena notarihin'i Dr. Tomaz Augusto Salomão, Sekretera Mpanatanteraka ny SADC nankany Madagasikara ny 06-08 february 2009.

Hijery akaiky ny zava-misy tany ny anton-diany, ka nahafahan-dry zareo nihaona tamin'ny Filoha am-perinasa Ravalomanana sy ny Praiministra Rabemananjara, ary hafa koa voakasikin'ny zava-mitranga tao an-toerana. Tafaverina io iraka io, dia lasa indray ny manaraka notarihin'ny Minisitry ny Raharahambahiny Swazi Lufto Dlamini, hanao fanombanana ny zava-misy sy hifandray amin'ireo rehetra voakasiky ny disadisa. Ny faha-14 ka hatramin'ny faha-21 february 2009 izy ireo no nijanona tany Antananarivo, ka nihaona tamin'ireo izay voarohirohy ao amin'ny korontana: ny Filohan'ny Repoblika, ny Praiminisitra, ny Ben'ny Tanàna nesorina Andry Rajoelina, ny Masoivohom-pirenena tao

Madagasikara, ny fiarahamonina sivily, ary ny mpitondra fivavahana. Tamin'ny fivorian'ny Ministra SADC tany Le Cap ny faha-27 febroary 2009 dia nandrisika ny Malagasy mba hifampiresaka sy hifampiraharaha ny solontena SADC nivory. Ary tamin'izay koa no nilazany fa hanampy ny Governemanta izy amin'ny fanofanana ny mpitandro filaminana sy amin'ny famatsiana fitaovana fiarovana amin'ny rotaka (*équipements anti-émeutes*).

Taorianan'ny fivorian'ny Vondrom-Pifandraisana Iraisampirenena (GIC) ny voalohan'ny volana may 2009 tany amin'ny Foiben'ny FA tany Addis-Ababa, dia nanendry an'ing. Absalom Themba Dlamini, Praiministra Swazi teo aloha ny SADC, ho iraka manokana mankany Madagasikara. Izy no noheverin'ny SADC hijery akaiky ny eny an-toerana, hifandray amin'ireo tompon'antoka politika eo an-toerana, ary hanomana am-pilaminana ny famerenana an'i Prezida Ravalomanana eo amin'ny fitondrana. Tamin'ny fivoriana tsy ara-potoana ny faha-20 jona 2009 indray dia nanendry an'i Prezida mozambikanina teo aloha, Joachim Chissano, ho Mpanelanelana eo amin'ny samy Malagasy ny SADC. Izy no nampisy ny fihaonan'ny ankolafin-kery efa tonta tany Maputo I-II sy Addis-Ababa ary Pretoria.
Ny tena nokendren'ny SADC tamin'ny firotsahana antsehatra dia fiarovan-tena aloha. Nanahy mafy ny mpikambana sao dia miampita aty amin'ny Kontinenta ny fangalàna fahefàna tao Madagasikara. Faharoa, efa ao amin'ny Sata mifehy ny SADC ny fandraisana andraikitra rehefa misy fisavoritahana politika toy izao (And. d/ ao amin'ny Satan'ny RPFF). Fahatelo, na dia naniry ny hitsofohan'ny miaramilan'ny SADC amin'ny raharaha aza ny Prezida Ravalomanana sy ireo mpomba azy tany Antananarivo, dia tsy nirona tamin'izany ny SADC. Ny volana aprily 2009 tokoa mantsy dia nanambara ny Lehiben'ny Brigady ny SADC (SADCBRIG) ny Jeneraly "*de*

Brigade" Lancaster Bottoman fa vonona ny Brigady raha misy fiantsoana maika handaminana ny Faritra (*Région*).

Tsy mahagaga ny Prezida Ravalomanana raha nino fa mety hampiasa hery ny SADC satria nanolo-tsaina akaiky azy tao i Prega Ramsamy, teratany maorisiana, Sekretera Mpanatanteraky ny SADC teo aloha (hatramin'ny taona 2005) ary notendreny ho Lehiben'ny *Economic Development Board of Madagascar (EDBM)* hatramin'ny taona 2008. Ny Andininy f)-ny Sata mifehy ny RPFF anefa dia manipika ny *"fandaminana ny fifandonana amin'ny alàlan'ny fifampiraharahana, fampiombonana, ary fanelanelanana"*. Izany hoe atao am-pilaminana ny fanalana olana amin'ny alàlan'ny fifampiraharahana sy fanelanelanana. Ny Andininy g) rahateo dia manamarika fa ny fampiasana hery dia tsy misy raha tsy efa lany haiky tamin'ny vaha-olana politika rehetra azo natao ny SADC; sady tsy azo irosohana koa izany raha tsy mahazo alàlana avy amin'ny FA sy ny FM. Ny faha-20 jona 2009 ny Filoham-pirenena SADC nivory tao Sandton-Johannesburg, dia nanapakevitra fa tsy hampiasa hery any Madagasikara. Tsipahin'izy ireo ny tapaky ny Vondrona COMESA tany Victoria Falls (Zimbabwe) ny voalohan'ny volana jona 2009 nanambara, fa raha ilaina dia tokony hampiasaina hery miaramila ny famerenana amin'ny laoniny ny any Madagasikara. I Prezida Mugabe no anisany ireo nankasitraka an'izany hevitra izany na tao amin'ny COMESA na tao amin'ny SADC.

Ny fivoriana tsy ara-potoana rehetra momba an'i Madagasikara dia ny *Troika* (Filoham-pirenena telo)-ny RPFF no niantso azy, na ny tao Lozitha Swaziland ny faha-30 marsa 2009 ohatra, na ny tao Sandton-Johannesburg ny faha-20 jona 2009. Tamin'ireo fotoana ireo, ny Filohan'ny *Troika* dia ny Mpanjaka Mswati III (Swaziland). Filoha-Lefitra I tao i Prezida Armando Emilio Guebuza (Mozambika), ary Filoha-

Lefitra II i Prezida Eduardo dos Santos (Angola). Tompon'andraikitra tamin'ny fandefasana iraka nankaty Madagasikara ny *Troika*; nifandray sy nampiantso matetika ny Prezida Ravalomanana, izay mialokaloka any Afrika Atsimo, izy. Tompon'andraikitra amin'ny fanangonam-baovao omena ny SADC sy ny FA koa ny *Troika*. Nanomboka tamin'i Maputo I indray, dia efa i Prezida Guebuza (Mozambika) no nandray ny fitantanana, ary amin'izao fotoana izao izy dia efa nodimbiasan'i Prezida Rupiah Banda (Zambia). Raha fitinina, dia miezaka manao ny asany mihitsy ny SADC amin'ny alalan'ny RPFF.

Tamin'ny andron'i Swaziland nitantana ny *Troika* dia hita taratra ny tsy fikelezan'aina nasehon'i Ministry ny Raharahambahiny Swazi Lufto Dlamini, hahita vaha olana, na tamin'ny fankanesana taty Madagasikara, na tamin'ny fitetezana ny firenena mety hanampy na teto Afrika na tany ivelany. Tena nomeny lanja lehibe ary nampihariny ny fotokevitra "miainga ifotony". Ary ny fampiharana an'izany fotokevitra izany no mbola mitohy hatramin'izao, ka ahitàna ny fivezivezen'ny iraka SADC aty Madagasikara, na i Joaquim Chissano, na ireo delegasiona hafa tarihan'i Dr. Leonardo Simao, Ministry ny Raharahambahiny Mozambikana taloha.

Hita koa anefa fa tsy miasa irery ny SADC amin'ny savorovoro politika eto Madagasikara. Ny faha-30 aprily 2009 dia namory ny GIC ny FA. Ny nokendrena tamin'izany dia ny hampirindra ny ezaka iraisampirenena mikasika ny famerenana haingana amin'ny laoniny, izany hoe, amin'ny fanajana ny Lalampanorenena, an'i Madagasikara.

Mandray anjara ao amin'io GIC io ny Kaomisiona FA (tarihin'i Jean Ping), ny Filoha am-perinasa ny FA (Prezida Mohamar Kadhafi tamin'ny 2009), ny firenena mitarika ny

Filankevitra momba ny Fandriampahalemana sy ny Filaminana (CPS) ao amin'ny FA (i Burundi tamin'izay), ny mpikambana maharitra sy ny mpikambana Afrikana ao amin'ny Filankevitry ny FM momba ny Fandriampahalemana, ary ny Vondrona Iraisam-pirenena maha-mpikambana an'i Madagasikara toy ny FA, OIF, FE, COMESA, COI.

Io GIC io ohatra no tonga taty Madagasikara ny faha-06 oktobra 2009[xvi], ka nahitana ny Prezidan'ny Kaomisiona Jean Ping, ny Sekreteram-panjakana Frantsay momba ny Fiaraha-miasa Alain Joyandet, ary ny Sekreteram-panjakana mpanampy ao amin'ny *State Department* Amerikana Philipp Carter, sy ny mpanelanelana avy amin'ny SADC Joaquim Chissano.

Nanampy akaiky ny SADC teto ny FA sy ny FM. Satria ny faha-09 febroary 2009 dia efa nanendry an'i Amara Essy, Ministry ny Raharahambahiny Ivoariana teo aloha, ho iraka manokana ny FA mankany Madagasikara ny Prezida Jean Ping. Tamin'io daty io anefa dia efa tonga tany Antananarivo koa i Haile Menkerios, izay iraka manokana nalefan'ny Sekretera Jeneraly ny FM Ban ki Moon hizaha ny zava-misy. Niasa maharitra hoan'ny FA rehefa avy eo i Ablassé Ouedraogo, raha nametraka an'i Tiébilé Dramé kosa ny FM. Ary dia izy roalahy ireo no tena hita andoha-laharana tamin'ny fifampiresahana amin'ny samy Malagasy sy ny Masoivohom-pirenena niasa tao Madagasikara. Ohatra amin'izany ny fanambarana mikambana nataon'izy roalahy tamin'ny anaran'ny FA sy FM ny faha-24 aprily 2009 mikasika ny herisetra nitranga ka namoizana ain'olona tamin'ny fanombohan'ny herinandro.

Naverimberiny tamin'izany koa fa ny famerenana haingana ny ara-dalàna manaraka ny lalampanorenena avy amin'ny fifidianana mangarahara no imasoan'ny FA sy ny FM. Tao aorianan'ny fihaonany tamin'ny Filoha ny Fitondrana Avon'ny Tetezamita Andry Rajoelina, dia nanao fanambarana manokana koa i Dramé ny faha-04 may 2009, mampisongadina ny fahavononan'ny FM hanao soroka miara-milanja sy tongotra miara-mamindra amin'i Madagasikara amin'ny fitadiavana ala-olana ifanarahan'ny rehetra (*consensuel*). Tsy nisy fiovana ireo fahitana an'izy roalahy teo andoha-laharana ireo, izany hoe ny FA sy ny FM, raha tsy tafiditra an-tsehatra i Prezida mpanelanelana Joaquim Chissano sy nigadona ny fivorian'ny ankolafy efatra tany Maputo. Tao anatin'ny eritreritry ny SADC ny hilaminan'i Madagasikara mba hisian'ny fifidianana alohan'ny faran'ny taona 2009, fifidianana izay ahazo famatsiana ara-bola sy fanaraha-maso avy amin'ny fianakaviambe iraisam-pirenena.

5   NY LESONA AZO TSOAHINA

5.1   Miasa ve ny « miainga ifotony » sa resaka an-taratasy fotsiny ?

Eo amin'ny sehatra diplaomatika, raha ny zava-niseho tany RDC sy tany Lesotho no dinihina akaiky, dia azo atao hoe miasa io « *fotokevitra miainga ifotony* » io satria ny SADC no tonga dia nirotsaka tany RDC tamin'ny alàlan'i Angola, Namibia ary i Zimbabwe : ny mpifanolo-bodi-rindrina aloha vao ny hafa. Saingy nanao ahoana no izy telo tonta fotsiny no nandray anjara ? Nahoana ny sasany no nihalangalana ? Toy izany koa ny tany Lesotho, izay tsy nahitana afatsy i Afrika Atsimo sy i Botswana (izay tsy manana sisintany amin'i Lesotho !). I Afrika Atsimo moa dia niaiky fa tsy afa-namela korontana hipoitra mihitsy any Lesotho izay tora-bato fotsiny no manasaraka ny sisintaniny. Ny tena marina dia tsy nisy fiaraha-mientana sy fandraisana anjara mirindra mihitsy nataon'ny SADC teto na tamin'i RDC na tamin'i Lesotho.

Tamin'i Zimbabwe indray dia hita taratra ihany ny fandrindrana amin'ny fanendrena an'i Prezida Mbeki, saingy nitarazoka be ny raharaha. Hany ka raha nigadona ny volana septambra 2008, ho esorin'ny ANC tsy ho Prezida intsony izy, dia niaiky ny SADC fa mbola tsy vita ny asa fanelanelanana nankinina taminy. Ny resaka tena mandeha tamin'izay dia ny hoe, « mbola teo am-perinasa izy, ka tsy nanam-potoana loatra ho laniana tamin'ny fanelanelanana ». Izay tsy fananam-potoana izay, no nitarika ny SADC hanendry an'ing. J. Chissano hikarakara an'i Madagasikara.

Ny voalohany, dia miteny Frantsay izy, ary faharoa, izay

tena zava-dehibe: Prezida efa misotro ronono izy. Raha ny tokony ho izy izany, dia malalaka be izy amin'ny fotoana. Raha ny zava-nitranga anefa, dia tsy marina loatra izany, na tamin'ny Maputo I na Maputo II. Tsy maintsy noferana foana ny fivoriana, satria misy fotoana ho vonjeny any ivelany. Tsy misy hafa amin'izany ny nitranga tamin'ny saika hanaovana ny fivoriana tany Zenevy ny 17 oktobra 2009, satria efa any Eraopa ing. Chissano, koa amin'izay dia afaka midina tsimoramora any Zenevy, izay misy Tranobe ny FM. Saingy ing. Ravalomanana indray moa no tsy nety nandeha tany, na dia efa ny FM mihitsy aza no mpanasa sy mpampiantrano.

Ary dia iny nivory tany Addis-Ababa ny 4-5 novambra 2009 iny ny ankolafy efatra, ka nanaovana sonia ny faha-6 novambra 2009 ny Fifanarahana Tovana (*Acte Additionnel*), nanangana ny Filoha Miara-mitantana (*Co-Présidents*).

Raha i Madagasikara no jerena amin'ny ankapobeny, dia tena nanao izay hoafany ny SADC, araka ny voatanisa tery ambony. Nosoloiny mihitsy aza i Absalom Themba Dlamini, ilay Praiministra Swazi taloha, natao iraka manokana voalohany, satria ny mpifanandrina hiresahina dia Filohampirenena Malagasy teo aloha sy Filohan'ny Fahefà-mahefa ankehitriny. I Prezida Joaquim Chissano izany no tena mitovy lenta amin'izy efa-dahy Malagasy. Araka ny mbola voatantara tery aloha, dia tsy mikely soroka mihitsy ny tompon'andraikitry ny RPFF, na tamin'ny andron'ny Fanjakana Swaziland nitantana azy, na tamin'ny andron'i Mozambika ka mandrak'ankehitriny eo amin'ny fitantanan'i Zambia, mamory sy manetsika ny fianakaviambe iraisam-pirenena : SADC, FA, GIC, FM... Tsy mitsahatra ny manara-maso koa i Chissano, na maniraka solontena tahaka ireo notarihin'i Dr. Leonardo Simao nanatrika ny fivorianan'ny antoko politika teny « Les Hérons » Vontovorona, ny faran'ny volana aogositra 2010.

Tamin'izany no nihainoan'ireto iraka SADC ireto ny adi-hevitra tao Vontovorona, sy ny nihaonany tamin'ny hery politika rehetra voakasiky ny disadisa, toy ny avy ao amin'ny ESCOPOL sy ny firehana hafa (*autres sensibilités*). Ny ankolafy telo (Ratsiraka, Ravalomanana, Zafy) kosa dia noraisin-dry Dr. Simao tao Vontovorona, fa tsy nety nandray anjara tamin'ny fivorian'ny samy Malagasy. Manaraka an'izay, ry Dr. Simao dia tsy mitsaha-mihaona amin'ny Masoivohom-pirenena miasa ao Madagasikara sy ny vondrom-piarahamonin'olompirenena isan-karazany misy ao Antananarivo. Avy manangom-baovao toy izany ireto iraka ireto dia mody kely any Afrika aloha manao tatitra amin'ny tompon'andraikitra SADC, ary dia miverina indray rehefa afaka tapa-bolana, maka ny vaovao farany.

Etsy andaniny, ny antoko, ny fikambanana ary ny ankolafinkery Malagasy dia manararaotra ny fandalovan'ny iraka SADC. Ao ny voantsony manokana, ao ny mangataka fotoana aminy. Ary dia mahavariana fa toa lasa hoatrany olokendry hibaboana heloka na raiamandreny be angatahana fanampiana ireto iraka SADC ireto indraindray.

Izany no mahatonga ny mpitazana maro hiahiahy ny fanelanelanana tadiavin'ny CNOSC, izay sahy milaza, fa ny fifampiresahana mandalo aminy ihany no afaka mitondra fankatoavana iraisam-pirenena sy fanampiana amin'ny fifidianana, satria izy ihany no ankasitrahan'ny any ivelany toy ny SADC, hanao ny asa fanelanelana eo amin'ny samy malagasy. Manahy mafy ny mpitazana fa sao dia resa-bola avy amin'ny fianakaviambe iraisam-pirenena indray no mahatonga ny CNOSC hiherona andraikitra toy izany.

Ambonin'izay, ny antoko politika tsirairay, ny vondrom-piarahamonin'olompirenena isanisany, dia mahavatra maniraka mpitondra teny mankany amin'ny Masoivohom-pirenena sy ny Fikambanana manan-danja iraisam-pirenena toy ny UNDP, Banky Iraisam-pirenena sns. miasa eto Madagasikara.

Mifameno amin'izay vaovao voangon'ny iraka SADC ve ny voalaza any, sa mifandaka aminy? Tena mahay momba ny diplaomasia tokoa ve ny irakin'ny antoko sy ny fikambanana mifandray amin'ny Masoivohom-pirenena ? Tsy any intsony angamba ny tena fanontaniana. Mahavariana sady maha-sadaikatra ny mahita ny solontena vahiny toy ny SADC tena tsy misorona amin'ny fitadiavana izay làlana hivoahana haingana amin'ny krizy. Hoatrany izy indray no mangidihidy haotraorina.

Raha ny fotokevitra "miainga ifotony» sy ny fotoana nidiran'ny SADC amin'ny fanelanelanana indray no jerena akaiky, dia azo atao hoe misy azo kianina ihany, noho ny antony roa : voalohany, dia nalaky tafiditra ny mpanelanelana vahiny ivelan'ny SADC. Efa notanisaina teto ry Ouedraogo (izay manambady malagasy) sy Dramé. Mbola averina indray fa iry voalohany dia avy amin'ny FA ary ny faharoa avy amin'ny FM. Ny "miainga ifotony" anefa amin'ny fandravonana korontana politika dia midika fa rehefa tapi-dàlan-kaleha ny Vondrom-paritra toy ny SADC vao miditra an-tsehatra ny FA sy ny FM. Ny FM izany ohatra no tokony ho tonga farany, kanefa dia izy indray no anisan'ny voalohany!

Faharoa: ny voalohan'ny volana febroary 2009 dia efa nampidirin'ny Fitondràna teto Madagasikara i Haile Menkarios (FM). I Joaquim Chissano afaka tena nanelanelana anefa dia ny faha-20 jona 2009 vao voatendrin'ny SADC. Ry Ouedraogo sy Dramé no nanao ny asa teo anelanelan'izay. Amin'ny teny fohy izany, dia tsy niasa ara-potoana ny « miainga ifotony » ivelany (*subsidiarité externe*), satria ny mpifanolo-bodi-rindrina, ny SADC indray, no tsy nanana solontena-mpanelanelana maharitra tao an-toerana. Nivoaka sy niditra ny Minisitry ny Raharahambahiny Swazi Lufto Dlamini. Nifandimby ny iraka SADC fa tsy nanao ohatran'i Ouedraogo sy Dramé. Tsy nandeha koa anefa ny «miainga ifotony» anatiny (*subsidiarité interne*), satria tsy nahari-pery tamin'ny fifanatonana ny samy Malagasy. Izany hoe, ny ambaratonga teto an-toerana, ny Malagasy, ny ambaratonga fara-faha ambaniny (*niveau local*), tsy nifikitra tamin'ny « miainga ifotony», fa avy dia niantso vonjy avy any ivelany.

5.2 Hoan'i Afrika amin'ny ankapobeny rehefa misy korontana na Fisavoritahana ara-politika:

Raha jerena ny fanonganam-panjakàna tany Guinée Konakry, tany Maoritania, sy tany Niger farany teo, tsy mitovy amin'ny atao hoe fandraisana fahefàna tsy ara-dalàna teto Madagasikara, satria ny miaramila teto no notolorana fahefàna, nefa tsy nety nandray an'izany. Ny iraisana amin'i Afrika Kontinenta dia ny fiverimberenan'ny korontana politika, izay lasa vato misakana ny fampandrosoana sy ny fanavaozana an'i Madagasikara, hiatrika ny fanontoloana. Ary izany indrindra no maha-tonga ny fianakaviambe iraisam-pirenena tsy nikely soroka hatramin'ny taona 2009 ka hatramin'izao volana novambra 2010 izao, mba tsy ho voa ny "tsy fidiny" ny vahoaka malagasy. Anisany ny nivaingana tao anatin'izany ezaka izany ny fanelanelanana "miainga ifotony" (*subsidiarité externe*) natao tany Maputo (aogositra sy septambra 2009), teto Antananarivo (oktobra 2009), tany Addis-Ababa (novambra 2009), ary tao Pretoria (aprily 2010). Ny fivoriana tany Maputo sy Addis-Ababa indrindra indrindra no tena nahitana vokana, izay tsahivina fohifohy eto.

Tamin'i Maputo I (05-09 aogositra 2009) tokoa manko no nanaovan'ny Ankolafinkery efatra sonia Fifanarahana momban'izay hitantanana ny Tetezamita. Ny voalohany dia ny Fifanarahana N.1 izay manafoana ny fanarakarahana noho ny raharaha 2002. Nanarak'azy ny Fifanarahana N.2 mikasika indrindra ny Prezida Marc Ravalomanana. Ny Fifanarahana N.3 kosa dia nifantoka tamin'ny fanafoanana ny fitoriana sy ny fanamelohina nandritra ny fitondran'ing. Marc Ravalomanana, na olon-tsotra izy na miaramila. Nisy koa anefa ny Fifanarahana momba ny atao hoe "Satan'ny Soatoavina" (*Charte des Valeurs*). Ary ny namaran'azy dia ny fanaovan-tsonia ny Fifanarahana Politika (*Accord Politique*) ny faha-09 aogositra, izay mirakitra ny andinindiny rehetra momba ny Tetezamita (rafitra, andrim-panjakana, andraikitra eo amin'ny fitondrana). Ny tany Addis-Ababa moa dia efa voalaza tary aloha ny vokany. Fa ny tena tsy namokatra mihitsy dia i Maputo II (25-26 aogositra 2009); Antananarivo (06 oktobra 2009), Maputo III (04-08 desambra 2009)[xvii], ary i Pretoria (28 aprily-01 may 2010).

Amin'ny ankapobeny dia tsy tanteraka ny fampiharana izay rehetra nifanarahana tany Maputo sy Addis-Ababa. Tsy ny fianakaviambe iraisam-pirenena no nahatonga an'izany, fa ny samy Malagasy lasa tsy nifanaraka, tsy nifampatoky. Tsy anjaran'ity famakafakàna ity anefa ny mandalina an'izany. Ny tsara ho tadidy fotsiny, dia ny fisian'ny ankolafy efatra nivory, niara nitady vaha-olana tamin'ny fianakaviambe iraisam-pirenena. Tsy dia fahita aty Afrika io, ary nampiavaka kely an'i Madagasikara.

Azo heverina, fa raha miasa tsara ny « fotokevitra miainga ifotony », na eo amin'ny lafiny politika sy diplaomatika, na eo amin'ny lafiny ara-toekarena sy sosialy, dia tokony ho lasa i Afrika amin'ny ankapobeny, ka ao anatin'izany i Madagasikara. Araka ny hita amin'i Zimbabwe sy i Madagasikara farany teo anefa, dia tsy mbola tena mandeha amin'ny tokony hampiasàna azy io fotokevitra "miainga ifotony" io, satria « sery vitan'anamalaho (kanefa) hamonoana vantotr'akoho ». Antsoina foana ny any ivelany kanefa manana ny amby ampy ny eto an-toerana!

Raha tsy mahita afa-tsy ny anamalaho koa anefa, dia mety ho sahirana. Niainan'i Prezida Jacob Zuma izany, raha nanao fitsidihana ofisialy tany Angletera izy ny voalohan'ny volana marsa 2010. Noho ny firahalahiana sy ny "ny fotokevitra miainga ifotony" tokoa manko -satria i Afrika Atsimo sy i Zimbabwe "trano atsimo sy avaratra"-, dia mba nangataka tamin'ing. Gordon Brown Praiministra i Prezida Zuma, ny hanesorana amin'izay ny sazy mihatra amin'ny tany sy fanjakana zimbabweana, izany hoe, ing. Robert Mugabe sy ny mpiara-dia aminy. Raha manao izay manko i UK dia hanaraka daholo, na ny Eraopeanina na ny USA. Tsy nanaiky mihitsy anefa ing. G. Brown satria ratsy toetra hono ing. Robert Mugabe ka mila miova aloha, izay vao halàna ny sazy. Mbola tsy afaka hivezivezy eran-tany ihany izany ireo tera-tany zimbabweanina miisa 150 voasazy ny iraisam-pirenena, sy ing. R. Mugabe.

5.3 Hoan'i Madagasikara manokana : zatra « tonga dia any am-bovonana foana »

Ny tena mahavoa eto Madagasikara dia matetika tsy itokisana ny ambaratonga ambany, na tsy omena izay fahefàna tokony ho azy. Hany ka na toromarika, na andraikitra tsy tokony ho ampiakarina aza, dia raisin'ny fara-tampony avy hatrany: avy dia any am-bovonana!

Ohatra, raha sonia vitana Sekretera any amin'ny fitondrana vazaha, dia Direktera Jeneraly (DG) no tsy maintsy manao ny sonia eto amintsika. Ny sonia vitana DG dia tsy maintsy ny Minisitra no manao azy eto amintsika. Hoatran'ny hoe, ny Sekretera vazaha dia mitovy lanja amin'ny DG-ntsika. Tena mbola tsy mahazatra antsika ny « fotokevitra miainga ifotony».

Eo amin'ny lafiny diplaomatika, dia tsy misy hafa amin'izay. Ny Ambasadaoro vazaha matetika dia afaka manao sonia Fifanarahana amin'ny anaran'ny Governemantany. Izay no maha « Ambasadaoro *Extraordinaire et Plenipotentiaire*» azy. Ny antsika indray matetika, dia tsy maintsy Ministra no tonga manao sonia ny Fifanarahana any ivelany, fa tsy ny Ambasadaoro malagasy eo an-toerana, kanefa « *Ambassadeur Extraordinaire et Plenipotentiaire* » no anarana entiny.

Tamin'ny Kaomisiona[xviii]iraisan'ny Malagasy sy Alemana tamin'ny taona 2003 aza, dia nahitàna zavatra mampieritreritra toy izao: ny delegasiona alemana dia notarihina Direktera ao amin'ny Ministeran'ny Fiaraha-Miasa alemana. Kanefa, ny nifanatrika taminy, nitarika ny delegasiona malagasy, dia ny Talen'ny Kabinetra ny Fiadidiana ny Repoblika (*Chief of Staff*), notronin'ny Praiministra Lefitra nisahana ny Toekarena, ary ny Ministry ny Tetibola. Dia **olo-maventy** malagasy telo be toy ireo tokoa ve, vao mahatsindry Direktera vazaha kely anankiray? **Aiza ny hambom-pom-pirenena?** Aiza ny lanjan'ny tompon'andraikitra malagasy? Ary raha hitarina, dia tsy ny lanjan'ny tany sy fanjakana malagasy mihitsy ve no voatohitohina?

Ity tonga dia any "am-bovonana" lalandava ity ve tsy anisan'ny mampiverimberina ny korontana sy fisavoritahana politika eto Madagasikara? Tsy ampiasaina amin'ny tokony ho izy manko ny ambaratonga ambany. Na ny marimarina kokoa, dia tsy itokisana mihitsy ny aty amin'ny fotony (*grass roots*)!
Lasa mpitazam-potsiny sisa ny vahoaka! Efa sahanin'ny fitondràna foibe daholo ny ambainday ny fiainam-pirenena.

Mitsingevana, ka tsy mahazo vahana noho izany ny naroso na ny tinapakin'ny Fahefàna ambony nifandimby teto Madagasikara: na Lalàna Fototra izany, na Teti-Pivoarana, na Tetikasa, na Boky Mena, na Lalam-Panorenana[xix], na Fifidianana, ets. Tsy nisy na iray aza mba nanaraka ny soatoavina malagasy milaza hoe « ny hamisavisàna ny ratsy no hihavian'ny soa ». Izay iray avoakan'ny Fanjakàna dia tsy misy ratsy na misy madilana hotetenana mihitsy, fa tonga dia mety; tonga dia « fahasoavana » foana no heverina haterany.

Hany ka rehefa tsy izay no mitranga fa « ilay ratsy (tsy) novisavisaina » dia avy dia korontana tsy hifankahitàna intsony ny eto. Tsy misy miaiky mihitsy fa raha mbola asan'olombelona dia tsy ho tonga lafatra na oviana na oviana. Tsy maintsy misy madilana hotetenana foana, ka izany no ilàna ny ambaratonga rehetra, hatrany amin'ny vahoaka aty ambany rihana, ka mandra-pahatonga any amin'ny fitondrana fara-tampony, sy tokony hampandraisana anjara azy amin'ny fiainam-pirenena, eo amin'izay tandrifin'azy.

Mora kokoa amin'izay ny fiaraha-misikina sy fiaraha-mientana (*participation/interaction*). **"Eo am-pandrasàna no ahitana ny atiny"**. Mihoatra ny resaka etoana anefa izany koa tsy hoalalinina eto. Ny fehiny fotsiny dia, tena ilaina dia ilaina eto Madagasikara ny fampiasana ny « *fotokevitra miainga ifotony* » amin'ny lafiny rehetra.

Tiana ho marihina fa tsy mahazo faka toy izany koa ny fitanisana isak'izay mihetsika (na litania) ataon'ny ankolafin-kery telo (3 *mouvances*), momba ny Fifanarahana tany Maputo sy Addis-Ababa[xx]. Manantitr'antitra foana manko ireo ankolafy telo ireo, fa tsy misy hafa-tsy izay nifanarahana tany Maputo sy Addis-Ababa ihany no làlana hivoahana amin'ny krizy. Avara-pianarana sy avo dia avo loatra anefa ilay fanindrahindrana, i Maputo sy Addis-Ababa rahateo tsy milaza na inona na inona amin'ny daholobe, indrindra ireo maro an'isa any ambanivohitra! Anara-tanàna ve ireo aminy? Sa anaran'olona? Sa anaram-biby? Raha samy hiventy anara-toerana ihany, maninona hoy ny be sy ny maro raha mba Besalampy, na Kandreho, na Madirovalo ohatra no ventesina? Madagasikara ts'inona no voakasika. Ary Malagasy no jerena!

Tsy ampy noho izany ny fanazavàna sy fitariahan-tsaina: mbola be ny tsy nahita fianarana, mbola be ny tsy ampy fahalalana, hany ka very ny sarambabem-bahoaka! Noho izany, dia tsy hitan'ny olona marina izay antony tokony hiarovana an'izany Maputo sy Addis-Ababa izany. Ny mahamay azy aloha, dia ny vary hiditra any am-bava sy ny vola hirotsaka ao am-paosy!

6   FANDALINANA MIKASIKA MANOKANA AN'I MADAGASIKARA

Efa ho roa taona izao i Madagasikara no miaina amin'ny fisavoritahana politika. Eo amin'ny lafiny diplaomatika sy ny fampiasana ny "subsidiarité" dia ny SADC no natao ohatra teto. Mpifanolo-bodi-rindrina akaiky amin'i Madagasikara koa anefa i La Reunion, izay mpikambana ao amin'ny *Commission de l'Océan Indien* (COI) tahakan'i Madagasikara. Nety nanao ahoana re ny fizotran'ny fanelanelanana raha ny COI no nitarika fa tsy ny SADC e? Nety ho nahomby kokoa ve?

Amin'ny eto an-toerana indray, dia hoy isika tery ambony, "zatra avy dia any am-bovonana isika malagasy" hany ka tsy mampiasa amin'ny fotoana ilàna azy ny ambaratongam-pahefàna aty ambany. Tsy resaka hoe fanapariham-pahefàna fotsiny no tena olana eto, fa any amin'ny toe-tsaina sy fahazarana mihitsy. Koa ahoana no fomba hialàna amin'io fahazarana "teny midina" io (*top-down approach*) sy hampiharana indray ny "teny miakatra" (*bottom-up approach*)[xxi] toy ny tamin'ny andro fahiny raha mbola nisy ny vadintany ambony sy ny vadintany ambany?

Ho tohin'izay voalaza teo aloha izay, raha dinihina dia teto an-drenivohitra foana no nipoahan'ny fisavorovoroana politika, izany hoe "an-tanan-dehibe" na tamin'ny 1972, na tamin'ny 1991, na tamin'ny 2002, ary tamin'ny 2009 farany teo. Izany hoe, miseho aty amin'ny tompon-pahefàna avo indrindra eto Madagasikara, aty amin'ny tompon'ny fahaizana sy fahalalàna, aty amin'ny avara-pianarana sy ny kingalahy isan-tsokajiny na ara-politika, na ara-toekarena, na ara-teknika. Inona no tokony hatao hanafainganana ny fandraisana anjara amin'ny adi-hevitra politika ny maro an'isa, ireo 80%- ny mponina mbola monina any ambanivohitra? Ireo izay hangatahana handatsa-bato isakin'ny misy fifidianana na fitsapàna hevi-bahoaka?

Amin'izao andro fitadiavana làlana hivoahana amin'izao lonilony politika sy ny voka-dratsiny ara-toekarena sy ara-tsosialy izao, dia efa hita etsy sy eroa isika Malagasy no miseho hiara-misikina, hanao soroka miara-milanja ary tongotra miara-mamindra hanavotana ny firenena iombonana, dia i Madagasikara malala: tena miainga avy amin'ny "*subsidiarité*", avy any ifotony.

Ny olana fotsiny dia ny mikasika ny laharam-pahamehana eo amin'ny lohateny tokony hiaingàna. Inona tokoa no tokony hofakafakaina sy hifanakalozan-kevitra voalohany: ny Lalam-panorenana vaovao? Ny fifidianana? Ny fampihavanana? Iza no taloha: ny "akoho" sa ny "atody"? Ary ny fanontaniana faharoa, dia ny hoe iza no tokony hitarika sy handrindra an'izany fitafàna ny samy Malagasy izany? Tsy mba manana Nelson Mandela manko isika, na kintana fanilo toy izy telolahy fahiny dia i Raseta, Ravoahangy, Rabemananjara, kintana telon'i Gasikara!

Etsy andanin'izany, dia matetika isika Malagasy no tsy mahita ny eo ambany maso. Jembin'ny fasahiranana rahateo ka tsy afa-miainga afatsy avy amin'ny olana (*approche par les problèmes*) na avy amin'ny filàna (*approche par les besoins*). Ny eo am-pelatanana anefa betsaka no azo trandrahana: manomboka amin'ny teny Malagasy, izay tenim-pirenena azon'ny Malagasy rehetra manerana ny Nosy. Harena toy izany koa ny olon-kendry, ny olombe, ny mpahay-raha, ny mpahai-tao, ny manam-pahaizana manokana isan-tsokajiny. Tsy lanilaniana ny Malagasy azo ianteherana, kanefa tsy ampiasaina amin'ny tokony ho izy eo amin'ny adi-hevitra politika sy ara-toekarena.

Ohatra akaiky amin'izany, ny politika sy ny programan'ny fitondràna nisesisesy teto. Marina aloha fa tamin'ny Repoblika I dia mbola mety ho vitsy ny mpampianatra sy mpikaroka Malagasy teny amin'ny Anjerimanontolo (Oniversite). Fa nanomboka ny Repoblika II kosa dia efa tsy nitombona intsony izany. Ny zava-mahagaga anefa, hatramin'ny taona 1970 no mankaty, dia tsy mbola nisy fitondrana Malagasy mihitsy nangataka an'ireo manam-pahaizana ara-politika sy ara-toekarena eny amin'ny Oniversite, mba hanao ekipa mpikaon-doha (*think-tank*), handinika akaiky sy hilaza ny heviny momba ny safidy politika sy ara-toekarena ataon'ny fitondràna, na Tetipivoarana izany, na MAP, na Programa Fanarenana, ets.

Ny fanadihadiana ataon'ny Banky Iraisam-pirenena (WB) na ny Tahirim-pirenena momba ny Vola (IMF), ny Sampan'ny Firenena Mikambana misahana ny asa fampivoarana (UNDP) sy ny hafa any ivelany no lasa ianteherana. Any amin'ny tany mandroso tahakan'i Alemaina Federaly anefa dia ampiasaina ny avara-pianarana any amin'ny Oniversite, handinika ny fiainam-pirenena indrindra eo amin'ny lafiny ara-toekarena. Isan-taona ireo atao hoe "olon-kendry", mpampianatra ambony dimy (5)[xxii] avy ao amin'ny Oniveriste samihafa, no mamoaka tatitra goavana momba izay fahitàny ny safidy ara-toekarena notinapakin'ny governemantany. Ary dia tena raisin'ny governemanta alemana an-tanandroa mihitsy ireo sosonkevitra ataon'ireo "olon-kendry" ireo.

Tonga ny fotoana mba hiaingantsika amin'ny ananana (*approche par les ressources*)[xxiii]: be dia be isika mpiray tanindrazana no afaka mifanome tànana araka ny hoe "izay tsy mahay sobika, mahay fatam-bary". Izay miainga avy amin'ny Malagasy izay angamba no mety hisorohana ny fiverimberenan'ny fisavoritahana politika eto amintsika? Tonga koa ny fotoana hampidirina ny soatoavina Malagasy ao amin'ny politika, ka voalohany amin'izany ny "fihavanana" (*approche par les valeurs*).

Toa ny "ladim-boatavo" isika Malagasy: ka "raha fotorana iray ihany". Ka na saratsarahin'ny hevitra eo amin'ny politika aza, dia tokony hifampatoky (*approche par la confiance et le respect de l'autre*) sy hifanome tànana, satria raha mitambatra ny Malagasy, dia vato, ary vatolampy mafy toy izay koa ny firenena, fa raha misaraka, dia fasika[xxiv], ka halemy toy izay koa ny firenena. Toy ny mamaky efitra sy mandeha an'ala ny fanaovana politika sy diplaomasia amin'izao fotoana izao, noho ny fiazakazakin'ny fiainana sy ny fifaninana eran-tany. Koa isika Malagasy izay efa nandova fahendrena mahatsinjo lavitra tamin'ny Ntaolo indray ve no mila hampianarina ny "mpirahalahy mianefitra (na mianala): (ka) ianao tokiko, izaho tokinao" (*approche par la sagesse héritée des ancêtres*)? Afaka "miainga ifotony" isika Malagasy.

Sao dia mila ahiratra ny maso ! Eo amin'ny diplaomasia andavan'andro, raha ny «miainga ifotony» no ampiasaina, dia mazava ho azy fa ny Masoivoho malagasy no fitaovana voalohany ianteheran'ny Fanjakana Foibe. Ny Ambasadaoro am-perinasa (harena am-pelatànana)[xxv] no afaka mihetsika haingana araka ny lalàna ny 3M (mamafy, mikojakoja, mihoty). Ny Lehibena Masoivoho rahateo no kofehy mampitohy ny Filohampirenena Malagasy sy ny Filohampirenen'ny tany iadidiany, koa afaka mampita amin'ny fomba diplaomatika ny hafatra mavesatra tian'izy ireo hifanakalozana. Ny diplaomasia amin'ny andro sarotra (*diplomatie de crise*) no mitaky voalohany ny fampiasàna Masoivoho.

Etsy an-daniny, dia tsy mahagaga raha maty an-karanany ny dinika MAP (Maputo-Addis Ababa-Pretoria) ny ankolafin-kery[xxvi] efatra (4) notarihin'i Joaquim Chissano satria tsy nampiasaina ny « miainga ifotony » avy eto an-toerana (*subsidiarité interne*).

Mibaiko avy lavitra ny mpanohana azy ao amin'ny MAGRO ny Filohan'ny ankolafin-kery Ravalomanana fa tsy manome fahafahana malalaka ny mpomba azy, handray andraikitra feno amin'izay tokony hifampidinihina amin'ny Fahefà-mahefa. Tsy mba naka lesona tamin'i Oliver Thambo sy i Nelson Mandela izy. Raha tafahitsoka tany Botswana tokoa manko i Oliver Thambo, Filohan'ny ANC[xxvii], dia nanankina ny andraikitra rehetra tamin'i Nelson Mandela izay teo an-toerana, satria « ianao no mahita akaiky izay zava-mitranga » hoy izy. Izany no anisany nahatafita ny tolon'ny ANC tamin'ny fiadiana amin'ny fanavakavaham-bolon-koditra (*apartheid*)

Fa toa mahavelombolo kosa ny « miainga ifotony », raha ny eto an-toerana no jerena. Nanomboka ny volana jiolay 2010 dia nivoaka hohitam-bahoaka ny samy Malagasy[xxviii], miara-mikaon-doha, mifanolotra tànana amin'ny fikarohana izay làlana mahomby hivoahana amin'ny savorovoro politika. Singanina eto ny Fandrindrana ny Rafim-piarahamonina sivily maro samihafa tarihin' Atoa Aristide Velompanahy (COSC)[xxix] sy i Jose Rakotomavo (*Alliance*), ao koa ny « Raiamandreny Mijoro » izay manana an'i Pastora Ramino Paul, ho mpitondra teny. Tsy adino koa ny Mpanjaka sy Tangalamena, izay miezaka ny hampihavana sy hamerina indray ny fahamasinan'i Madagasikara, amin'ny alalan'ny joro. Ary mbola azo tanisaina ireo ezaka ataon'ny miaramila manamboninahitra ambony efa misotro ronono, ka ahitàna ohatra ny Jeneraly Rakotoarijaona Desiré, Praiministra teo aloha.

Ny antoko politika isan-karazany, ny mpitondra fivavahana sns dia tsy mipetra-potsiny koa. Raha nankalazaina ny faha-50 taona ny Fahaleovantena, dia tsaroana fa nanao antso avo ny Malagasy rehetra mba « hifanome tànana »[xxx] ny Filoha ny HAT Andry Rajoelina.

Tena mahabe fanantenana tokoa ireo hetsika rehetra ireo, satria raha tombanana ny fifandanjan-kery ivelany sy anatiny[xxxi], dia 70% ny vahaolana no eto Madagasikara. Ny Malagasy izay nihavian'ny korontana, sy iharan'ny vokany, no manana andraikitra voalohany amin'ny fitadiavana ny fanafody mahasitrana. Noho izany, dia tokony hahay hifandamina[xxxii] ny samy Malagasy[xxxiii] "miainga ifotony". Manaraka fotsiny ny fianakaviam-be iraisam-pirenena rehefa avy eo.

Ary tsy voatery fihaonana hita maso sy malaza na fata-bahoaka toy ireny tany Le Hintsy tamin'ny volana marsa 2009, na tetsy amin'ny Carlton tamin'ny volana oktobra 2009 (fihaonana anatiny), na ireny malaza be tany Maputo I-III sy Addis-Ababa (taona 2009) ary Pretoria tamin'ny aprily 2010 (fihaonana ivelany) ireny akory, ny asa diplaomatika.

Ny diplaomasia miasa mangingina (diplomatie discrète), ny « diplomatie des petits pas » na ny « erikerika maha-tondra-drano » koa mety hitondra any amin'ny fahombiazana azo antoka sy maharitra. Tiana ny manipika, fa tsy vaovao amin'ny tantaram-pirenentsika ny « miainga ifotony », miainga amin'ny fototra maha-malagasy "midinika, mamakafaka, mitory ravina, mitapaka ahitra" toetra nahazatra hatramin'ny nisian'ny firenena Malagasy[xxxiv]. Ny midinika sy madinika dia mitovy fihaviana. Ka na ny madinika aza dia niara-nidinika.

Lesona be hoan'ny ho avy ny tokony hampiasana bebe ny « miainga ifotony » na ny « ambaratonga ambany » (subsidiarité), fa tsy tonga dia any am-bovonana, any amin'ny

Fanjakana foibe, na any amin'ny fianakaviambe iraisam-pirenena foana.

Mikasika indrindra ny fifandraisana amin'ny any ivelany, azo raisina angamba ny fitenin'ny Ntaolo manao hoe : « ny tokantrano tsy hahaka », izay midika fa tsy tokony hiantso ny any ivelany mihitsy isika Malagasy, raha tsy efa lany haiky. Niangaran'ny Nanahary ho Nosy ity tany sy fanjakàna ity ; tsy zaraina amina firenen-kafa; koa dia antsika <u>Malagasy</u> ny sehatra, <u>isika no fotony</u> !

Ary tsy adino eto noho izany ny hafatra natao tamin'ny diplaomaty Malagasy fony Repoblika I, hahatsiaro fa olon'ny fihavanana isika Malagasy; olona tsy mahery vaika (*modéré*); olona mahatsiaro fa ny fampiraharahana ihany no fitaovana voalohany hahatongavana any amin'ny fandaminana sy fifampitoniana ary fifanarahana, rehefa misy fifandomana[xxxv]. Tsy natokana hoan'ny sehatra iraisam-pirenena anefa izany (any ivelany), fa azo ampiasaina tsara koa "avy aty ifotony" (ato anatiny).

Iray ihany isika Malagasy, tsy zaraina amin'iza na iza ity Nosy ity, koa dia anjarantsika sisa no mahay manao "mita be tsy ho lanin'ny mamba". Betsaka ireo voay be manam-bola sy manan-kery entin'ny fanontoloana (*globalisation*), te-hitelina an'i Madagasikara tsy miray-hina. Tsara ho marihin'izao tontolo izao ihany izay maha-mponin'ny nosy ny Malagasy izay. Miova fijery ry zareo raha mahatakatra fa ny Malagasy amin'ny Afrika dia toy ny Britanika amin'i Eraopa. Misy iraisany i UK amin'i Eraopa fa misy mampiavaka azy koa. Ary hita izany amin'ny fandavan'i UK hiditra ao amin'ny habaka Schengen.

Rehefa resahina ny disadisa politika eto Madagasikara taorianan'ny 17 marsa 2009 ny firenena vaventy toa an'i

USA sy Alemana ohatra, dia nambaran'ny tompon'andraikitry ny diplaomasiany fa tsy misy vaha-olana miavaka ho an'i Madagasikara. Rehefa tsy ara-dàlana ny nahatongavana eo amin'ny fahefàna dia tokana ihany ny làlana demokratika : fanajàna ny Lalàmpanorenana velona sy maka fahefàna amin'ny alàlan'ny fifidianana. Amin'ny teny Anglisy io dia hoe *"the general against the particular"*. Ary dia izay fomba fijery manao safobe-mantsina (*standard approach*) izay no tsy tokony hampiharina faha-tàny aty Madagasikara, Nosy manana ny hanitra ho azy! Na izy SADC, na FA, na FM ets.. Na tsy mifandanja aza ny herin'ny tany anankiray an-dàlam-pandrosoana toa an'i Madagasikara sy ny fianakaviambe iraisam-pirenena, dia manana anjaran-toerana eo amin'ny sehatra iraisam-pirenena i Madagasikara. Mampiasa ara-potoana sy amin'ny maha-malagasy ny fotokevitra "miainga ifotony" ny tompon'andraikitra isan-tsokajiny ao aminy, dia mety hahomby. Mba tsy ny any ivelany indray no hampianatra antsika Malagasy ny atao hoe "fihavanana" sy "fifampiraharahàna".

Ny "miainga ifotony" tsy midika fotsiny hoe, mifampizara andraikitra ny isan'ambaratonga ao amin'ny fitondrana, samy mandray ny tandrifiny azy ny fanjakàna sy ny fianakaviam-be iraisam-pirenena. Marina fa raha "lamba maloto ho sasàna" tsy tokony ny any ivelany no antsoina hanasa azy voalohany, ny "tokantrano tsy hahaka" rahateo. Tsy izay ihany anefa no azo andraisana amin'ny "miainga ifotony". Misy fotoana daholo ny zava-drehetra. Misy fotoana iatombohan'ny fifandonana politika. Mifandrafy ny mpifanandrina noho ny hevitra tsy mitovy. Misy fotoana koa tokony hamaranana azy ho fitsinjovana ny tombontsoa ambony ny firenena. Fatra-mpiteny ny Malagasy fa tsy misy tsy vita raha hifampiresahana, satria eo amin'ny fifampidinihina no "hisavasavàna ny raviny, hahitàna ny fotony".

Tena manan-karena tokoa isika Malagasy! Ao ny soatoavina nolovaina tamin'ny Ntaolo, ao koa ny teny Malagasy azon'ny Malagasy tsirairay avy hifanakalozan-kevitra na any an-tokantrano, na any am-piangonana, na any an-tsaha, na ao anatin'ny andrim-panjakàna isan'isany. Ao koa ny toetra Malagasy "tia moramora" satria ny "isavorovoroan-kilantoana". Anjaran-tsika Malagasy ny mahay "mifototra" amin'izany harena maha-Malagasy izany, hampilamina ny tany sy ny fanjakàna.

Araka ny tantara dia tsy tiantsika ny olon-tokana na olombitsy manapaka, satria manao "teniko-fe-lehibe" na "tsy refesi-mandidy". Tsy nankafizintsika koa anefa ny manara be renirano fotsiny, manaiky izay tian'ny be sy ny maro. Satria sao dia lasa didin'ny "be no ho vitsy" sy manao "kely tsy mba mamindro". Ny tena nankamamiana sy nahitambokan-tsoa fahagola dia ny dinika misokatra amin'ny hevitra ironan'ny be sy ny maro. Loharanom-pahendrena sy loharanon-tsaina tsy zarain-tsika Malagasy amin'ny firenenkafa izany. Sao soa hoan'ny firenena ny mahay "miainga ifotony" ?

Sehatra diplaomatika no tena nibahana teto. Ny SADC dia nanao izay afany amin'ny fampanjariana ny fotokevitra "miainga ifotony". Nohajainy tanteraka ny lojika politika sy diplaomatika voarakitr'izany fotokevitra izany. Narahiny ny iraka an-tsakany sy an-davany ny voalazan'ny Sata mifehy ny Vondrona SADC sy ny RPFF. Tsy nisy nivaona tamin'ny Sata mifehy ny FA sy ny FM izany rehetra izany. Ireto misy fanontaniana vitsivitsy mahalasa fisainana. Nampiasa tsara ny fotokevitra ve ny SADC amin'ny famahana ny olana politika 2009 eto Madagasikara ? Efa voavaly tary aloha ny momba an'izany, hita manao vivery ny ainy mihitsy ireo iraka voatendry handamina ny samy Malagasy.

Nahomby ve ny ezaka vitany tamin'izany? Eto am-panoratana dia efa migadona sahady ny volana desambra 2010. Mbola misebiseby ny delegasiona tarihin'i Dr. Simao, mivezivezy aty Madagasikara manangom-baovao sy miverina any amin'ny SADC manao tatitra. Mijery ny hivoahana amin'izay heveriny ny fianakaviambe iraisampirenena fa mbola tsy manara-penitra ny SADC, dia ny hoe "fitondrana mahefa mbola tsy iaraha-mitantana" (*gouvernement non consensuel et inclusif*). Manampy dia manampy azy rahateo ny fitalahoana avy amin'ny Ankolafinkery telo Ratsiraka-Zafy-Ravalomanana. Hitondra hatraiza anefa izany karazana vivery aina ataon'ny SADC izany ? Raha tena vaha-olana tokoa no voan-dàlana entin'ny SADC, hampilamina maharitra ny demokrasia eto Madagasikara ve izany sa tsia? Sa mety ho vaha-olana vonjy maika, ka tsy hahasakana ny savorovoro politika eto Madagasikara mbola hiverimberimberina toy izay hita ny 1972, 1991, 2002 ary 2009?

Voatsipika tery aloha fa na dia Afrikana aza ny Malagasy dia manana ny maha-izy azy. Ny Raiamandreny manan-janaka mahalala tsara fa na iray Reny sy iray Ray aza ny ankizy, dia samy manana ny toetrany. Olombelona manana ny toetrany ny Malagasy, koa sao dia tsy ampy raha lojika politika sy diplaomatika fotsiny no ifaharan'ny fianakaviambe iraisampirenena amin'ny famahana olana?

Firenena manana ny tantara nanorina azy ny Malagasy na eo amin'ny politika, na eo amin'ny diplaomasia, na eo amin'ny fiaraha-monina. Tokony tsy hataon'ny mpanelanelana avy any ivelany hodian-tsy-hita izany. Indrindra ny SADC!

Tsy ny mpanao politika irery no tao ambadiky ny fanovam-pahefàna tamin'ny 2009. Ary tsy tanjona fe-tanjona akory ny tetezamita, fa demokrasia sy fandriampahalemana mitombona sy maharitra no tadiavina. Tokony hifototra amin'ny nipoiran'ny fiovàna teto Madagasikara ny SADC. Miainga ifotony.

DIKAN-TENY

1. Apartheid *Fanakavaham-bolonkoditra*

2. Approche par les *Fomba fiasa miainga*
ressources *amin'ny ananana*

3. Approche par les *Fomba fiasa mifototra amin'ny filàna*
besoins

4. Bottom-up approach *Fomba fiasa « teny miakatra »*

5. Charte des Valeurs *Satan'ny Soatoavina*

6. Charte de la *Satan'ny Tetezamita*
Transition

7. Chief of staff *Talen'ny Kabinetra ao amin'ny*
Fiadidiana ny Repoblika

8. Collectivités de base *Vondrom-bahoaka fototra*

9. Conseil de Sécurité *Filan-kevitra momba ny*
Fandriampahalemana

10. Conseil de Paix et de *Filan-kevitra momba ny*
Sécurité *Fandriampahalemana sy*
ny Filaminana

11. Crime contre *Heloka bevava amin'ny*
l'humanité *zanak'olombelona*

12. Crimes de guerre *Heloka bevava nandritra ny ady*

13. Crise politique *Korontana, savorovoro,*
fisavoritahana politika

14. Décision	*Fanapahan-kevitra*
15. Dérogation	*Alàlana hiataka amin'ny lalan-dalàna mahazatra*
16. Diplomatie des petits pas	*Diplaomasia « erikerika maha tondra-drano »*
17. Diplomatie discrete	*Diplaomasia miasa mangingina*
18. Diplomatie préventive	*Diplaomasia misoroka*
19. Directives	*Torolàlana*
20. Directoire Militaire	*Fitondra-Miaramila*
21. Doctrine sociale	*Fomba fijery sy fotokevitra ijoroana ara-piarahamonina*
22. Droit d'ingérence	*Zo manome alàlana hitsabaka*
23. Droit de véto	*Zo hitsivàlana izay tinapaka*
24. Egalité juridique	*Fitovian-danja eo anoloan'ny lalàna*
25. Génocide	*Fanaovana vono-moka andiam-poko; fandripahan'olona*
26. Grass roots (at)	*aty ifotony*
27. Interaction	*Fiaraha-mientana, Fiaraha-mihetsika*
28. Intervention sollicitée	*Fidirana an-tsehatra niangaviana*

29. Lobbying	*mandresy lahatra mba hiandany amin'ny tena ny olona/ vondrona*
30. Modéré	*mipetrapetraka, mahalala onony, tsy mivatravatra,tsy mahery vaika*
31. Networking	*manangana tambazotram-pifandraisana*
32. Organ for Politics, Defense and Security	*Rantsa-mangaika momba ny Politika, ny Fiarovana ary ny Fandriampahalemana*
33. Politique/Politics	*Teti-pitondrana, politika*
34. Participation	*Fandraisana anjara*
35. Pouvoirs centraux	*Fanjakàna Foibe*
36. Principe de subsidiarité	*« fotokevitra miainga ifotony », « mbola vitako fa aza isalovaninao, sa ho raisiko an-tànana fa tsy zakanao »*
37. Principe de non-ingérence	*Fotokevitra mijoro amin'ny tsy-fitsabatsabahana*
38. Taxe carbone	*Haba momba ny fandotoan-drivotra avy amin'ny « carbone »*
39. Think-Tank	*Ekipa fanovozan-kevitra*
40. Top-down approach	*Fomba fiasa « teny midina »*
41. Violation des droits de l'homme	*Fanitsakitsahana ny zon'olombelona*

NAOTY MAMARANA

[i] « Winning elections", jereo Paul Collier (2009), Wars, Guns and Votes, Vintage Books, London, p.2.

[ii] Jereo koa Alfred Nhema sy P. Tyambe Zeleza, eds. (2008), The Resolution of African Conflicts, OSSREA, Addis Ababa, pp.2-3 mitanisa ny mahatonga ny korontana politika eto Afrika.

[iii] And. 52, Fiz. III, Lalampanorenana Malagasy 1993, novaina farany tamin'ny 2007.

[iv]Jereo Pierre Randrianarisoa (1983) "La Diplomatie Malgache face à la Politique des Grandes Puissances (1882-1895)", 2nd edit. FTM, Antananarivo, ary i Rémi Rahajarizafy (1983) "100 taona Alemaina sy Madagasikara", Tranompirintim-pirenena, Antananarivo, pp. 18-42.

[v] Ity farany ity moa dia nifantoka bebe kokoa tamin'ny fifanakalozana ara-barotra.

[vi] Jereo Pierre Randrianarisoa (ibid.), pp. 35 sy ny manaraka.

[vii] Azo atao ohatra amin'izany ny Fifanarahana firahalahiana nifanaovan'i Madagasikara tamin'ny Alemaina tamin'ny 15 may 1883.

[viii] Césaire Rabenoro (1986) "Les Relations Extérieures de Madagascar de 1960 à 1972", L'Harmattan, Paris, p.150.

[ix] Césaire Rabenoro (ibid.), "les fondements de la diplomatie malgache" basés sur le "fihavanana" et considérant "la négociation comme unique solution des conflits internationaux", pp.146-148

[x] Jereo ABC des Nations Unies (2006), UN New York 2006, p.11; James S. Sutterlin (2003), The United Nations and the Maintenance of International Security – A Challenge to be met, 2nd ed., PRAEGER, London, p. 20.

[xi] Jereo Pierre Randrianarisoa (ibid.)

[xii] Be ny mpiray tanindrazana no mihevitra fa tsenam-barotra fotsiny ny SADC fa tsy mikasika politika. Ity fananganana ny « organ for politics, defense and security » tamin'ny 1996 ity no porofo manitsy an'izany. Jereo www.sadc.int/opds momba ny antsipiriany.mikasika io sampana io.

[xiii] Jereo www.sadc.int/index, manome ny antsipiriany momba io Dinan'ny SADC io.

[xiv]Manan-danja tokoa i Afrika Atsimo ao anatin'ny SADC:

Miisa 15 ny mpikambana ao amin'ny SADC, misy mponina maherin'ny 248 tapitrisa (2006) ary manana VO.HA.PI (Vokatra Harim-Pirenena, na PIB) mitontaly US $379,256 tapitrisa (2006) izay ambony lavitra noho ny an'ny mpikambana 19 ao amin'ny COMESA izay be mponina kokoa, izany hoe maherin'ny 398 tapitrisa (2006) kanefa ny VO.HA.PI dia US$ 286,775 tapitrisa monja (2006). Ny any Afrika Atsimo fotsiny anefa dia efa US $ 277,000 tapitrisa ny VO.HA.PI (2006). Mpikambana ao amin'ny G20 koa izy. Raha eo amin'ny lafiny tsena sy teknolojia, dia azo atao hoe misy hoavin'i Madagasikara mihitsy izy. Ary noho ny lanjany, dia mahavatra mitsidika azy ny Filohan'ny Firenendehibe, mamitra fihavanana sy mitady tsena. Mbola hita taratra ihany izany lanjan'i Afrika Atsimo izany amin'ny hamaroana ny masoivoho eto: +120 izay mbola miampy ireo fikambanana iraisam-pirenena samy hafa. Ary ny firenena lehibe rehetra eto an-tany dia manana ny masoivohony eto avokoa.

Ho famintinana, tena maventy i Afrika Atsimo. Azo atomboka eto daholo ny resaka amin'ireo firenena manan-kambara tahakan'ireo mpikambana maharitra ao amin'ny Filankevitra momba ny Fandriampahalemana ao amin' FM, ao amin'ny Firaisambe Eraopeanina (EU), ao amin'ny FA sy ny SADC.

[xv] Eo amin'ny tanjona enjehina kosa ny Ratsa-mangaika dia:

e) *Mediate in inter-states disputes and conflicts*

f) *Use preventive diplomacy to pre-empt conflict in the region, both within and between states, through an early warning system;*

g) *Where conflict does occur, to seek to end this quickly as possible through diplomatic means. Only where such means fail would the organ recommend that the Summit should consider punitive measures. These responses would be agreed in a Protocol on Peace, Security and Conflict Resolution;*

h) *Promote and enhance the development of democratic institutions and practices within member states, and to encourage the observance of universal human rights as provided for in the Charters of the OAU and the United Nations.*

[xvi] Tsy nahavanona io fivoriana io, satria tsy neken'ny Filohan'ny Ankolafinkery efatra izay tsy nanatrika, ny tinapaka tao. Ary dia izay no saika nisiany ny fivoriana tany Zenevy, izay niafara tany Addis-Ababa, satria i Prezida Ravalomanana tsy manaiky raha tsy

any Afrika no hikaonan-doha momba izay ho vaha-olana amin'ny problema afrikana.

xvii Izay tsy nahitana afa-tsy ny ankolafy telo (Ratsiraka, Ravalomanana, Zafy).

xviii Commisssion Mixte.

xix Izay Lalampanorenena nivoaka teto Madagasikara dia noheverin'ny mpitondra foana hatrany fa haharitra ary tsy ho voaozongozona mihitsy. Ny tamin'ny Repoblika II azo moa dia nisy mihitsy ny hoe "ny safidy sosialista dia tsy azo iverenanan-dàlana" (non susceptible de révision, cf. Fizarana X, and. 108, Lalampanorenana RDM, 31.12.1975). Ny mpanao politika malagasy dia tsy mba naka lesona tamin'ny tantaran'ny firenena hafa. Ohatra, i Benjamin Franklin (1789) taorian'ny fivoahana ny Lalampanorenana amerikanina tena izy tamin'ny 1787 dia nandatsa-bava fa fanantenana ny hoe haha-mandrakizay ny lalampanorenana vaovao. Raha ny marina dia ireto zavatra roa ireto ihany no azoko antoka fa maharitra eto an-tany, dia: ny fahafatesana sy ny hetra (Benjamin Franklin to Jean-Baptiste Leroy, 13 Nov. 1789, in M.J. Cohen and John Major, 2004, Orion books, London, p. 511.).

xx Notsipihina manokana tao amin'ny taratasy-mailaka nalefako hoan'ny ankolafy Ravalomanana mitondra ny lohateny hoe "Enjana loatra", Pretoria 03.03.2010.

xxi Jereo Magobunje, A.L. sy Faniran, A. (eds.), 1977, "Regional Planning and national development in tropical Africa", University Press, Ibadan. Jereo koa ny famaritana an'io tamin'ny andron'ny Boky Mena (Repoblika II) izay nametraka ny demokrasia tao anatin'ny "centralisme démocratique" nalaina tahaka tamin'ny fitondrana tatsinanana toan'i Repoblika Entim-bahoaka(n'i) Alemaina (RDA), ka namoahana ny Didy Hitsivolana 76-044 mandahatra ny Fokonolona sy ny Fitsinjaram-pahefana teto Madagasikara.

xxii Lazainy ohatra fa ny taha-pitombon'ny VoHaPi Alemana dia 3,7 isan-jato amin'ny taona 2010, ary 2,2 isan-jato amin'ny taona 2011. Misy sosonkevitra omeny miaraka amin'ireo vinavinan-taha-pamokarana ireo, ka anjaran'ny Governemanta alemaina ny mandray na tsia izay hitany fa mahasoa ao (Neue Westfaelische Zeitung, Nr. 262, Mittwoch 10 November 2010).

xxiii Jereo D. A.H. Andriamandroso (2000), "l'Afrique des Bailleurs", DILONGA 2, Université Marc Bloch, Strasbourg, p. 58 (l'Afrique *"porteur d'idées, d'avenir et de projets"*)
xxiv Toy ny « fasika an-dohasaha, indaosin-driaka raha fahavaratra".
xxv *ressource.*
xxvi Ankolafy Rajoelina; Ankolafy Ratsiraka; Ankolafy Ravalomanana; Ankolafy Zafy.
xxvii African National Congress.
xxviii Nanomboka ny volana aogositra 2010 koa dia nitranga vahoaka ny "Vonjy Aina" tarihin'i Prof. Raymond Ranjeva, Rektora'ny Oniversiten'Antananarivo sy Filoha-Lefitry ny Fitsarana Iraisam-pirenena momba ny Heloka Bevava (ICJ) tany den Haag taloha. Tsy manaiky ny Fitondrana Avon'ny Tetezamita izy ary te-hanangana Fitondram-panjakana tarihin'ny mpahay-ràha tsy miankina na tsy hanànan'ny hery politika fahefàna.
xxix Coordination des organisations civiles (COSC)
xxx Nahitana taratra momban'izany ny Fihaonana nisesisesy tamin'ny volana aogositra sy septambra 2010: ny ESCOPOL (*Espace de Concertation des Partis et Associations Politiques*) teny Ivato ohatra, izay niteraka ny atao hoe Fifanarahana Politika (*Accord Politique*) tamin'ny 13 aogositra 2010; ny CNOSC (*Coordination des Organisations des Sociétés Civiles*) sy ny Raiamanjery Mijoro namory ny antoko sy fikambanana politika teny Vontovorona "Les Herons" ny 25-29 aogositra 2010, ary ny Fihaonambem-pirenena izay notanterahina teny amin'ny Ivotoerana fandraisana Fivoriana Iraisam-pirenena (CCI) teny Ivato ny 13-18 septambra 2010. Tsy nanatrika kosa ny ankolafinkery telo (Ratsiraka, Ravalomanana, Zafy). Ireo fikaonan-doha nifanesy ireo no nahatongavana tany amin'ny lisitr'ireo lasa mpikambana ao amin'ny Filankevitra Ambony ny Tetezamita (CST) – miisa 90- sy ny Kongresy ny Tetezamita (CT) –miisa 256- izay nitsangana tamin'ny fomba ofisialy ny faha-11 sy 12 oktobra 2010. Ho fampahatsiavina, ny CNOSC dia fitambaran'ny COSC (*Coalition des Organisations de la Société Civile*), ny Alliance des OSC (*Alliance des Organisations de la Société Civile*) ary ny KMF/CNOE (Komity Mpanaramaso ny Fifidianana).

xxxi Ivelany (fianakaviambe iraisampirenena), anatiny (eto Madagasikara).

xxxii Mifandamina fa tsy mifanandrina tahaka ny teny amin'ny Fort Duchesne ny 20 may 2010 (ny FIGN sy ny Hetsika Mpitondra Fivavahana) , teny amin'ny BANI- Ivato ny 17 novambra 2010 nisy manam-boninahitra 20 saika hanongam-panjakana.

xxxiii Jereo Alfred Nhema sy Paul Tiyambe Zeleza (ibid.), pp. 1-11. Manamafy ry zareo fa nony nijanona ny Ady Mangatsiaka dia tsy ny sehatra iraisam-pirenena intsony no tena voakasikin'ny korontana politika fa ny ao anatiny ny tany anankiray. Hita tamin'izany ny firodanan'i Yogaoslavia, ny korontana ao Cote d'Ivoire taorianan'ny nahafatesany i Houphouet Boeni, sns. Ary rehefa mitranga io korontana io hoy ihany ry zareo, dia hita fa tena mendrim-piderana tokoa ny ezaka fanelanelanana ataon'ny fianakaviambe iraisam-pirenena. Saingy tokony ho tsapan'i Afrika, fa izy tenany aloha no tompon'andraikitra voalohany amin'ny fahitana ny vahaolana maharitra. Ataony izany ao anatin'ny rafim-paritra misy azy (ohatra etoana ny SADC, raha i Madagasikara no tenenina), sy ny Fikambanana iraisam-pirenena toy ny Firaisambe Afrikanina ary ny Firenena Mikambana.

xxxiv Césaire Rabenoro (ibid.).

xxxv Paul Ramasindraibe (1975) Fokonolona Fototry ny Firenena, Nouvelle Imprimerie des Arts Graphiques, Antananarivo.

www.ingramcontent.com/pod-product-compliance
Lightning Source LLC
Chambersburg PA
CBHW060634280326
41933CB00012B/2035